DÉVELOPPEMENT PROFESSIONNEL

RÉUSSIR DANS UN MONDE INCERTAIN

LES 9 CLÉS DU LEADERSHIP

Martine RENAUD-BOULART

Préface de Bruno Rousset

ellipses

Dans la même collection

DÉVELOPPEZ votre stratégie personnelle. La théorie des jeux en pratique, Philippe Broda

DÉVELOPPEZ votre stratégie d'influence ! La connaissance des autres comme outil de management, Mickaël Hoffmann-Hervé

RÉUSSIR dans un monde incertain. Les neuf clés du leadership, Martine Renaud-Boulart

REPENSEZ votre espace de travail ! L'aménagement comme outil de management, Céline Tixier

À mon amie Anne de Bryas, qui vient de quitter notre monde, et qui était pour moi un exemple de cohérence et de stabilité dans un environnement relationnel complexe et incertain.

ISBN 978-2-7298-71055

32, rue Bargue 75740 Paris cedex 15

www.editions-ellipses.fr

Préface

Incertain est le futur, imprévisible est la vie. L'incertitude suggère à l'homme le spectre de ce qui est à craindre, du revers de fortune jusqu'au possible anéantissement. Mais de même que la crise est nécessaire à engendrer de nouvelles opportunités, à stimuler la créativité et à chatouiller notre conception de l'existence, elle est la bienvenue dans un monde où la seule certitude que nous ayons est que rien n'est certain.

Ce livre d'« exercices de philosophie pratique pour se préparer à vivre éveillé » comme il est énoncé dans son introduction, ouvre tout grand le champ des opportunités que la vie incertaine ne cesse de nous offrir.

Martine Renaud-Boulart nous invite à découvrir dans son œuvre, fruit d'une grande expérience du coaching et de la méditation qui affleure dans toute âme qui se met à l'écoute, les trésors que nous ont légués les penseurs classiques, des présocratiques aux postmodernes dont l'actualité n'est plus à démontrer, pour se mettre en route vers un « autocoaching » efficace.

Avec ses neuf clés pour *Réussir dans un monde incertain,* cet ouvrage est un nouveau chemin ouvert pour ceux qui pensent que la vie est un édifice à construire. Dans ma vie d'entrepreneur, je me suis vite rendu compte que pour changer le monde, il convenait tout d'abord de se connaître, avant de s'engager sur le long parcours de la réforme de soi. Il est fort juste de souligner que cette patiente maïeutique commence par l'acceptation de soi et de son propre patrimoine génétique et éducatif ainsi que du temps nécessaire à sa propre transformation.

Dans la société de l'information, la question de la gestion du temps est une donnée fondamentale. C'est parmi les neuf clés celle qui m'a aidée le plus à développer mon efficacité tant dans la vie personnelle que professionnelle. Non pas du fait de la perception d'un écoulement rapide que nous avons du temps, et qui justifie pour beaucoup cette course permanente à la possession des bien tant matériels qu'immatériels, mais plutôt celle du temps que propose Sénèque dans *De la brièveté de la vie,* du temps qui s'inscrit dans l'éternité et qui place l'Essentiel dans cette perspective. La gestion de la durée est un attribut distinctif de l'homme.

Réussir sa vie implique aussi la conscience de toute chose. Un grand nombre de dirigeants d'entreprises ont sombré dans l'inconscience et se sont endormis. Notre coach les rappelle tout simplement à la vie et à la conscience grâce à un questionnement en profondeur. La référence au bouddhisme, et en filigrane aux sages propos du dalaï-lama, et à sa connaissance de l'Éveil est une juste interpellation. Les grands leaders, ceux qui ont marqué l'humanité de leur passage, ont systématiquement agi au mépris de l'opinion publique.

Enfin, après la relation à soi l'auteure aménage une place privilégiée à la relation à l'autre. Dimension complémentaire à la connaissance de soi, cette « éthique » de la conduite des managers ouvre des espaces infiniment riches et mobilisateurs pour les collaborateurs : confiance, coopération, négociation et confrontation positive dans le respect mutuel. Une thématique que nous retrouvons chez Confucius qui recommande instamment de « connaître les hommes » et de « respecter la dignité humaine », deux principes-clés qui selon nous suscitent à leur tour le respect du leader.

La contribution de Martine Renaud-Boulart est une grande étape de montagne dans la vie d'une chercheuse infatigable que je connais depuis plus de dix ans. J'ai suivi son ascension avec curiosité, à la recherche pour moi de repères, et avec un souci d'efficience nécessaire à ma vie d'entrepreneur.

Ce livre est un condensé des pépites qu'il est recommandé d'amasser patiemment pour atteindre les sommets du management.

Bruno Rousset
Président du conseil de surveillance d'April Group
et président directeur général d'Evolem

Introduction

Lorsque j'étais enfant, j'avais moins de 5 ans, mon grand-père
m'a demandé : « Que veux-tu faire de ta vie ma chère petite ? »
J'ai répondu : « Je veux vivre dans une grande maison
et être entourée de gens intelligents. »

Comment ai-je gardé ce cap qui émanait de mes besoins les plus profonds, malgré les aléas de la vie ?

J'ai gardé ce cap en construisant des séminaires de dirigeants chez moi afin de les aider à se recentrer sur leurs forces pour avancer dans un monde incertain, alors que moi-même je me retrouvais seule, sans mari, sans métier, avec un enfant n'ayant pas fini ses études.

À chaque âge de ma vie, j'ai gardé la même posture, « maman » est mon plus beau titre. Pour moi, être guidée par une véritable noblesse de cœur, c'est développer une attitude positive face à la vie qui renaît sans cesse, c'est accepter son existence sans la subir, c'est économiser ses efforts en anticipant les changements permanents, c'est faire des compromis sans affaiblir ses convictions, c'est ne pas être esclave de ses propres contradictions, c'est enfin chercher à se perfectionner sans cesse.

Ma meilleure amie dit que je suis « une mère psychique », une mère aidant chacun à devenir une bonne mère pour lui-même, une accoucheuse des esprits. C'est vrai que je m'appuie sur ce sens de la transmission sur un mode transparent, sans cacher mes peurs et mes doutes. Car je sais que plus on doute, plus on suspend son jugement pour trouver une certitude fondamentale, plus on trouve son chemin.

Ayant eu l'habitude d'accompagner le changement pour moi, je me suis demandé comment aider les autres à accompagner le changement chez eux-mêmes.

C'est ainsi que j'ai découvert que cette attitude pouvait être précieuse pour le leader devant incarner une vision et des comportements utiles au groupe qu'il dirige. En effet, le « leader philosophe » n'est pas le plus important, le plus compétent, ni le plus aimable car il connaît ses limites, tout en s'appuyant sur ses forces. Mais il cherche à ce que chacun de ses collaborateurs soit important, compétent et aimable pour générer une énergie de coopération.

C'est cette expérience que je souhaite partager avec vous par l'intermédiaire de ce livre.

Ce livre est un voyage à travers des exercices de philosophie pratique, sorte de boîte à outils, pour mieux vivre sa vie personnelle et professionnelle, maîtriser son angoisse de solitude ou de finitude, gérer ses émotions négatives, affronter les difficultés avec un esprit plus libre, grâce au questionnement socratique ou à l'usage du doute cartésien, afin de répondre aux questions suivantes : Que puis-je savoir sur moi-même et sur l'univers ? Que dois-je faire ? Que puis-je espérer ? Trois questions que **Kant** jugeait fondamentales pour trouver son chemin de vie et pour transformer les obstacles en opportunités de développement personnel et professionnel. Mais aussi comment rendre ma vie plus vivante, plus digne d'être vécue ? Car la philosophie est avant tout un art de la transfiguration, nous disait **Nietzsche**.

Chaque philosophe nous propose des moyens différents pour vivre une vie bonne : sérénité, vérité, vertu, élégance, suivant leur tempérament et ce faisant nous inspire pour suivre notre nature et ainsi trouver le sens que nous souhaitons donner à notre vie.

Les problèmes philosophiques sont ceux de tous ceux qui éprouvent un manque existentiel allié à un plaisir de penser. Je ne suis pas diplômée de philosophie mais je veux être praticienne de la philosophie. Je cherche sans relâche à éclairer mon action par la réflexion, à ne pas vouloir changer ce qui ne dépend pas de moi, à me méfier des apparences, à m'émerveiller de la vie, et à lutter contre mon ignorance.

Cette posture ne me permet certes pas de tout prévoir.

Mais elle me permet de chercher à tout saisir, tout en prenant de la hauteur et tout en mettant les événements de la vie en perspective, en replaçant l'instant dans la durée.

Cette posture s'applique autant à la vie professionnelle qu'à la vie personnelle, car en effet c'est le même désir inconscient qui anime ces deux faces de notre vie. J'en veux pour preuve notamment le travail du sociologue Emmanuel **Todd** ; dans son ouvrage *Après la démocratie*, paru en 2008, il souligne le lien qui existe entre systèmes politiques et anthropologie des structures familiales, plus égalitaires en France et plus libérales en Angleterre.

Pour ma part, il y a plusieurs opportunités que je n'ai pas saisies et que je regrette. Par exemple, mon père, haut fonctionnaire d'outre-mer, était proche du général de Gaulle, avec lequel il s'était engagé pour la défense de la France occupée par les nazis. À sa mort, alors que j'étais jeune fille, j'aurais pu m'appuyer sur ses contacts pour construire ma carrière mais j'ai refusé de le faire pour tracer mon chemin avec indépendance. J'ai bien certainement d'autres regrets du même ordre qui consiste dans le fait, par excès d'indépendance, d'être partie en croisade au lieu de relativiser. J'en ai d'autres encore d'un ordre différent, comme de ne pas avoir suffisamment pris les choses au sérieux, pour anticiper les obstacles.

Mais en adepte de **Sénèque**, je pressentais, malgré ma lente évolution, qu'il était plus important de vivre ma vie intérieure que de m'attacher à l'image extérieure que je pouvais donner de moi.

Quels étaient mes « héros » incarnant des valeurs susceptibles de me renforcer ?

J'étais très influencée par la pensée d'Émilie de **Breteuil**, l'amante de Voltaire (« Ne prenons pas la vie trop au sérieux, de toute façon nous n'en sortirons pas vivants », disait-elle), ou encore celle de Marguerite **Yourcenar** (« On s'en fout, on n'est pas d'ici ») ou enfin celle de Karen von **Blixen**, qui, dans l'aventure entrepreneuriale d'*Out of Africa*, relativise la place de l'humain dans l'univers, tout en mettant la relation au centre de ses préoccupations.

Toutes les trois étaient animées par une élégante désinvolture et un véritable humour, cette intelligence de l'instant qui transcende le réel en nous offrant la possibilité de nous en sortir, en nous rappelant à nous-même de façon inédite, en soutenant notre désir de vie face à la mort. Toutes trois étaient également inspirées par la passion d'apprendre et par l'audace d'agir, leur permettant de naviguer sur les mers de l'incertitude en sachant ce qu'elles veulent et surtout en cherchant à être le moins possible dépendante.

Pourquoi ce livre ?

Pour témoigner de la richesse, malgré la difficulté et la vigilance que cela suppose sur la durée, à ne pas dévier de son chemin tout en saisissant avec créativité les opportunités que la vie ne cesse de nous offrir.

Qu'est-il exactement ?

Un livre d'exercices de philosophie pratique pour se préparer à vivre éveillé.

Pour qui ?

Pour des personnes responsables de tous âges.

Comment ?

À travers une alternance de définitions afin de nommer et de clarifier, d'exercices pour rendre concret ce qui a été nommé et de cas de dirigeants opérationnels, dans le but de vous aider dans votre auto-coaching. Qu'est-ce que l'autocoaching ? Rien ne remplace la relation pour évoluer, c'est certain. Cependant la posture d'autocoaching, c'est-à-dire de distanciation par rapport à soi-même, permet de se regarder agir de façon plus objective et ainsi de progresser.

Avant de développer les idées principales sous forme de neuf recommandations, je définirai les mots utilisés dans le titre, à savoir réussite et incertitude, puis les concepts sur lesquels j'adosse ma réflexion et plus particulièrement ceux issus de la neuropsychologie et de la physique.

Deux définitions pour cerner notre sujet

Qu'est-ce que réussir ?

Étymologiquement, « réussir » c'est trouver une *issue de sortie*, c'est donc avant tout ne pas ressasser, ne pas piétiner, car celui qui piétine régresse.

Réussir, c'est connaître et apporter son énergie pour initier un petit changement positif dans le monde plus ou moins large que nous avons créé par nos représentations.

Celui qui réussit sait capter des informations avec esprit de curiosité et les mettre en œuvre avec cohérence. Il s'attache plus au sens qu'à la lettre, témoignant ainsi sa prise de recul face à la situation. Je me rappellerai toujours l'histoire de la dinde avant Noël, que j'avais lu dans un livre de lecture d'enfant : « La vie est belle, je suis bien nourrie et bien logée », se dit la dinde qui n'a pas capté les signaux faibles, ni sur l'histoire de sa lignée ni sur l'histoire du monde, signaux faibles qui auraient pu l'avertir de l'arrivée imminente de Noël…

Depuis ce moment-là, je me suis promis à moi-même d'être attentive à tout pour ne pas avoir un métro de retard.

Réussir sa vie, c'est dépasser ses émotions négatives, traverser sa peur, apaiser sa colère, calmer sa tristesse, pour saisir la beauté de la vie. Réussir sa vie, comme le dit l'éthologue Boris **Cyrulnik**, c'est développer sa capacité de résilience, c'est-à-dire sa capacité à recréer de la vie quelle que soit la souffrance que la situation procure.

Qu'est-ce qu'un monde incertain ?

Étymologiquement, l'incertitude c'est le manque d'assurance pour prédire ce qui va se passer.

Un monde incertain est un monde complexe, avec de nombreuses interactions et de nombreux obstacles, à l'image de nous-mêmes et du monde dans lequel nous vivons. Un monde complexe suscite alternativement des phases de croissance liée à la saisie des opportunités et des phases de crise, de repli et de confusion. La crise est le moment où apparaît un faisceau d'incertitude ébranlant le système mis en place. Mais la crise peut être régulée par une solution adaptée. Car « là où croît le péril croît aussi ce qui sauve », nous dit **Hölderlin**. Puisqu'en effet plus le danger est imminent, plus les réflexes de mobilisation pour en sortir se mettent en place. Ce qui est une bonne nouvelle pour affronter l'incertitude.

L'incertitude intérieure provient essentiellement de nos doutes sur notre identité, de notre manque de confiance en nous-mêmes, qui nous affecte tous un jour ou l'autre. Pour les psychanalystes, les parents n'ont pas pu toujours avoir ce regard inconditionnel positif sur leurs enfants qui leur donnerait une sécurité de base, tant dans l'affirmation de leurs désirs que dans l'élaboration de leurs relations.

À ce sujet, il est important de différencier identité et désir, comme le soulignait **Lacan**. C'est en effet notre désir qui structure nos choix et notre chemin de vie alors que notre identité est en devenir dans le cadre de la relation qui nous fait grandir. C'est ainsi que c'est parce que je ne suis pas fidèle à mon désir que je peux entrer en dépression et devenir aveugle aux opportunités qui se présentent.

L'incertitude extérieure provient de notre ignorance du futur, se caractérisant par l'impermanence, celle-ci s'opposant à notre besoin de stabilité. Cette impermanence est vécue à travers nos peurs de ne pas avoir le courage d'entrer dans l'aventure de l'intersubjectivité, de la relation à l'autre et au monde, pour devenir ce que nous sommes. En effet, nous construisons notre monde futur aux travers de nos représentations, c'est ainsi que certains optimistes voient le verre à moitié rempli quand d'autres de nature plus pessimiste le voient à moitié vide.

Toujours est-il que « l'avenir est incertain puisqu'il dépend des hommes », nous disait **Bergson**.

Deux modèles issus de la psychologie ou de la physique pour expliquer notre sujet

Sommes-nous des êtres raisonnables ?

Examinons tout d'abord le modèle neuropsychologique du fonctionnement de notre cerveau et de notre pensée, élaboré par Antonio Damasio, professeur de neurologie à l'université d'Yona.

Ce modèle est diffusé dans *L'Erreur de Descartes* (1995). Dans cet ouvrage, **Damasio** démontre que le corps est support de l'esprit pour construire le sentiment de soi et que le cœur a ses raisons que la raison est loin d'ignorer.

Dans notre Moi au contrôle imparfait, aux risques d'intuitions erronées, il existe un partenariat fonctionnel entre le conscient et l'inconscient.

La conscience a la force de ne pas être prisonnière des habitudes, elle a la fragilité de ne traiter qu'un sujet à la fois, en étant discursive, séquentielle et explicite. L'inconscient a la force de traiter rapidement plusieurs sujets en parallèle, il a la fragilité de ne pouvoir reproduire que ce qu'il a déjà fait, en étant global, émotionnel et implicite.

Un individu créatif, courageux et cohérent a compris que l'essentiel de son fonctionnement est inconscient, piloté par ses émotions et construit par ses représentations. C'est pourquoi, il concentre son système conscient sur des situations nouvelles et laisse son inconscient assurer la veille et l'alerte. Il sait que son moteur émotionnel viendra alerter sa conscience lorsque cela sera nécessaire et s'assure que le réel viendra nourrir ses interprétations conscientes.

Le principe d'incertitude

Abordons ensuite le modèle physique du principe d'incertitude de Werner Heisenberg, ancien professeur à l'université de Leipzig.

En 1927, Heisenberg formule une propriété fondamentale de la mécanique quantique qui dit qu'il est impossible de mesurer à la fois la position d'une particule en même temps que sa vitesse de façon exacte. Plus l'on détermine avec précision l'un, moins on saura de choses sur l'autre. C'est ce que l'on a appelé le principe d'incertitude de Heisenberg.

La notion de trajectoire exacte n'a pas de sens pour les particules. Ce paradoxe quantique est lié à la difficulté d'observer un électron. Cela signifie que l'incertitude sur l'énergie d'une particule multipliée par l'incertitude sur le temps est supérieure ou égale à une constante. Et de ce fait, durant un très court moment, l'incertitude sur l'énergie peut être grande, elle peut fluctuer considérablement sur de très courtes durées.

Ce que disent ces relations, c'est que si l'on connaît parfaitement la position d'une particule, on ne peut en connaître la vitesse et inversement. Cela implique que le comportement de la matière à l'échelle de l'infiniment petit n'est pas déterminé ou prévisible. Les mesures que l'on peut effectuer sur la vitesse et la position de particules subatomiques expriment, non pas des certitudes, mais seulement des probabilités. Les bases mêmes de la mécanique sont sérieusement ébranlées par ces relations d'incertitude.

Si donc je sais où elle est, je ne saurai pas où elle va... Tout se passe comme si les particules n'admettaient pas que l'on sache où elles vont...

Ces deux modèles soulignent la tendance ou la tentation de l'irrationnalité et de l'imprévisibilité des conduites humaines, tant sur le plan psychologique que sur le plan physique. Cette tendance est à la base de tous les malentendus, avec soi-même d'abord, avec son équipe ou son organisation ensuite.

Les neuf clés du leadership

Ma pratique de l'accompagnement de dirigeants dans les grandes entreprises m'a donc confortée sur l'irrationnalité et l'imprévisibilité des comportements humains.

Elle m'a permis d'identifier neuf clés, chiffre symbolique pour accoucher de soi et pour réussir dans un monde incertain.

Voici donc ce que nous allons analyser ensemble : neuf clés et recommandations pour réussir dans un monde incertain en développant son courage, sa cohérence et sa créativité, dans le cadre de sa vie professionnelle comme de sa vie personnelle.

Ce parcours suivra un cheminement en trois temps, en élargissant peu à peu le champ étudié, partant de soi-même, pour s'étendre vers son équipe puis vers son organisation.

Au niveau de la sphère de l'individu

- Avoir conscience de ses valeurs et à partir de là être fier de ses réalisations.
- Vouloir construire un projet à long terme où les priorités sont réajustées régulièrement et construire son agenda idéal en planifiant ses activités importantes.
- Apprivoiser le contraire de soi et ne pas se rigidifier sur une seule identité pour être plus complet et flexible.

Au niveau de la sphère de l'équipe

- Développer son esprit de confiance, de coopération, de négociation, de confrontation positive afin que chacun ait des marges de manœuvre et d'influence positive.
- Résister aux menaces pour durer, ne pas être en situation de dépendance et développer son autonomie par rapport au regard de l'autre en gérant ses émotions négatives.
- Communiquer sur un objectif précis, positif et possible, et anticiper les obstacles autour d'un scénario catastrophe pour avoir de bonnes surprises.

Au niveau de la sphère de l'organisation

- Comprendre son environnement et développer son réseau d'alliances.
- Penser à partir du futur en s'appuyant sur le passé à travers une histoire singulière, simple et crédible.
- Pouvoir changer en développant sa créativité. Repérer les prémices du changement de situation, les potentiels des situations en regardant et en écoutant comme un enfant le ferait, être en éveil car la richesse essentielle, dans notre monde post moderne, vient de l'homme et de ses idées.

C'est ce programme que j'ai créé dans le cadre de mes séminaires de leadership, de coaching individuel et collectif, au groupe HEC, depuis les années 2000, à l'aube du XXIe siècle. Alors bon voyage sur l'océan de nos perceptions, pour chercher à devenir un référent dans un monde changeant, pour nous placer dans un monde incertain comme sur un échiquier mouvant

Et rappelons-nous le message d'Antonio ***Machado*** *: « Voyageur, le chemin n'existe pas, c'est en marchant que se fait le chemin. »*

I

RÉUSSIR DANS UN MONDE INCERTAIN, C'EST S'INCLURE SOI-MÊME, EN INTÉGRANT LES DIFFÉRENTES FACETTES DE SA PERSONNALITÉ

Dans cette première partie, je vous propose de comprendre que vous avez une personnalité unique, composite et que c'est sur elle que va reposer votre manière de « réussir dans un monde incertain ».

En effet face à l'incertitude, la seule sécurité qui nous reste est la sécurité interne basée sur la connaissance de nos valeurs et de nos forces.

C'est pourquoi il est important de tout faire pour aimer son image et, si cela ne peut se faire, alors d'avoir le courage de changer l'une des composantes de cette image, pour avoir une image positive de soi-même.

C'est ainsi que : « L'homme qui réussit transforme en réalité les fantasmes de son désir », nous dit **Freud**, dans *Totem et Tabou* (1913).

Clé 1

Clarifier ses valeurs

Une première clé pour réussir dans un monde incertain consiste dans le fait de clarifier ses valeurs et à partir de là pouvoir être fier de ses réalisations.

En effet, face à l'incertitude interne et externe, la première sécurité est la sécurité interne et celle-ci est d'abord basée sur la connaissance de nos valeurs et de nos forces.

C'est pourquoi dans ce contexte mouvant, il est important de tout faire pour aimer son image et si cela ne peut se faire alors d'avoir le courage de changer l'une des composantes de cette image, pour avoir une image positive de soi-même.

Car sans repères internes, il est impossible d'avoir une image positive de soi-même et d'être fier, sans fausse modestie, de ce que nous avons réalisé, pour continuer à progresser.

Sans ancrage dans les valeurs, pas de sécurité, ni interne, ni externe.

L'autocoaching, c'est-à-dire la distanciation par rapport à soi-même, va nous permettre ce premier voyage intérieur…

Définition : Qu'est-ce qu'une valeur ?

Étymologiquement, le mot valeur vient du latin « *valoris* » et signifie « *qui a du prix* ».

Qu'est-ce que vivre selon nos valeurs ?

C'est valoriser ce qui traduit notre vision et mission dans le monde et dévaloriser ce qui n'est pas important pour nous et ce qui est contraire à notre vision et mission dans le monde.

Dès lors demandons-nous : qu'est-ce qui a du prix pour nous ? À quoi ne voulons-nous pas renoncer ? Prenons un exemple : ma valeur de base est avant tout la liberté de pensée se manifestant par l'indépendance. Dans ma famille si l'on n'était pas indépendant on était considéré comme un faible. Or mon entreprise met en place un système de reporting très contraignant. Comme lorsque j'étais enfant, je me sens surveillée, cela m'irrite et cela affecte mon engagement, mes initiatives et ma capacité d'apprendre. De la même manière en entreprise, on a montré l'importance de la cohérence entre les valeurs et les comportements pour assurer une stabilité et un progrès.

Une valeur est donc une perception consciente de ce qui est important pour nous et de ce qui donne sens à nos vies. Dans les familles comme dans les entreprises, des valeurs partagées apportent une sécurité intérieure et de l'énergie pour agir.

Les valeurs en effet donnent un sens et une direction à notre passage sur cette terre.

Retenons, à ce titre, ce que dit le sociologue **Edgar Morin**, dans son ouvrage *Une politique de civilisation*, paru en 1997 : « Plus qu'une crise financière, nous vivons aujourd'hui une crise de civilisation et donc de valeur, puisqu'elle est globale, à la fois politique, économique, sociale, identitaire et donc psychologique ».

Le modèle occidental dominant d'adoucissement des mœurs par l'éducation de l'esprit et la croissance de la richesse matérielle s'est terminé dans la barbarie des guerres mondiales par une logique de compétition. On pourrait dire, en simplifiant, que cette crise de civilisation prend la forme de deux questions : comment continuer à améliorer la vie sans subir la toute-puissance de l'argent ? Et comment calmer l'infinitude insatiable de notre désir face à la finitude inéluctable de notre condition humaine ?

Cela nous amène à nous demander, tant sur le plan individuel que sur le plan professionnel, quel monde nous espérons pour demain et comment le construire pour qu'il soit plus généreux et plus gentil, tout en étant plus efficient et plus durable.

Comment construire un monde plus gentil, une entreprise plus humaine, dont nous serions fiers ?

Étymologiquement « gentil » signifie « animé par la noblesse du cœur ». À l'heure où nous écrivons cet ouvrage, au Japon, pour lutter contre la violence ambiante, une fête de la gentillesse, à célébrer le 13 novembre, vient d'être créée. La gentillesse, valeur aristocratique, a été balayée par les démocraties bourgeoises. Comment retrouver une aristocratie du cœur qui réconcilie la valeur idéaliste de la courtoisie de la chevalerie et la valeur pragmatique du bonheur du monde postmoderne ?

Chaque jour, nous le déplorons davantage, dans notre monde contemporain, l'avoir l'emporte sur l'être. Comment retrouver un équilibre entre le besoin d'avoir, besoin de se centrer sur les résultats, besoin nécessaire mais pas suffisant et besoin d'être, besoin d'être en relation avec ses valeurs et en relation avec l'autre ?

Il s'agit de lutter à la fois contre l'arrogance matérialiste, la fuite, ou le déni de réalité utopique, qui sont les trois attitudes signant une position dysfonctionnelle. Cette recherche d'équilibre permettrait de construire un cadre de vie plus humain, pour vivre de façon à la fois plus libre dans la détermination de son destin et plus digne par rapport à autrui. Car ce qui pérennise l'humanité et ce qui exprime la civilisation, ce sont en effet les références réfléchies à des valeurs communes culturelles et morales, qui nous montrent le chemin et nous dynamisent.

C'est ce qu'un collectif de grands patrons traduit dans l'ouvrage *Empreintes sociales, en finir avec le court terme*, publié en 2011. Pour eux, c'est dans l'entreprise que se joue la prospérité de la société, à condition de ne jamais perdre de vue que ce sont les hommes et femmes qui sont, par leur travail, le moteur de la création de richesse et de valeur.

Comment vivre selon nos valeurs ?

Que nous apprennent les philosophes pour réussir dans un monde incertain, pour mener une « vie bonne », pour vivre en accord avec notre éthique et nos valeurs ?

La valeur est de l'ordre de l'éthique et l'éthique répond à la question « que dois-je faire ? »

Pour Emmanuel **Kant**, dans *Critique de la faculté de juger,* paru en 1790, « pour savoir si notre intention est pure, il s'agit de nous demander si nous voulons que notre acte ait une portée universelle, si nous souhaitons qu'il devienne une loi ». Le travail sur les valeurs est donc utile pour faire des choix sur la durée, définir ses objectifs prioritaires, pour se préparer à affronter des situations difficiles, pour communiquer avec justesse. Pour tout cela, il faut d'abord clarifier ses valeurs avec sincérité.

Qu'est-ce qu'une position éthique ?

L'éthique différencie le juste de l'injuste alors que la morale différencie le bien du mal. Pour le linguiste Noam **Chomsky**, professeur au MIT de Boston, chaque être humain naît avec une grammaire générative comprenant un ensemble de principes d'où découlent les valeurs que nous utilisons. L'éthique ne peut donc être que relativiste, puisqu'elle dépend de l'espace et du temps dans lequel nous vivons. Rappelons-nous la célèbre observation de **Montaigne** : « Vérité au deçà des Pyrénées, erreur au delà. » De ce fait, nous pouvons dire que s'appuyer sur des valeurs fortes, en lien avec notre histoire personnelle, favorise la sublimation, la résilience, la capacité à recréer de la vie pour pallier la peur du manque. Au contraire plus les valeurs sont faibles, plus l'angoisse de vide grandit. Cependant il s'agit de rester lucide sur les mérites et les limites de nos convictions, car comme nous le rappelait **Pascal** : « Qui veut faire l'ange fait la bête. » C'est pourquoi, avant de penser et de faire de la politique, il s'agit de se connaître soi-même car la véritable puissance est intérieure et permet d'inscrire son projet de vie dans la durée.

S'inclure soi-même est donc l'indicateur d'une position éthique et d'une sérénité comportementale, donnant du sens à sa vie.

Les valeurs en effet donnent un cadre nous protégeant de nos pulsions et émotions négatives.

Les valeurs comme les émotions sont sources de motivation. Nous sommes en effet mues par des forces plus ou moins inconscientes. S'il est aisé de comprendre le monde physique, il est beaucoup plus difficile de nous comprendre nous-mêmes.

Comment aborder notre complexité intérieure ?

Le psychologue Éric **Berne**, fondateur de l'Analyse transactionnelle, dans son ouvrage *Des jeux et des hommes* édité en 1973, explique que nos valeurs viennent du Parent en nous, parent qui est multiple, à la fois social, parental et objectal...

Il souligne aussi que notre identité est habitée par trois États du Moi : l'Enfant en nous, siège des émotions, le Parent en nous, siège des jugements de valeur, et l'Adulte en nous, siège des moyens pour s'adapter ici et maintenant.

Le Parent comme l'Enfant en nous sont en liens avec notre construction passée et nos répétitions futures de vie. Quelles sont les valeurs de nos parents que nous gardons et celles que nous rejetons ? Quelles valeurs souhaitons-nous transmettre à nos enfants ? De qui tenons-nous nos valeurs ? Est-ce que ces valeurs représentent nos choix véritables ? N'oublions pas que nos valeurs sont, d'une façon plus ou moins complexe, au service de notre Enfant intérieur car notre premier instinct est l'instinct de plaisir et de protection.

S'inclure soi-même, intégrer les différentes parties de soi, développer son identité, c'est donc mettre en cohérence les émotions de l'Enfant en nous, les valeurs du Parent en nous et la réalité traitée par l'Adulte en nous afin d'élaborer des principes d'actions éthiques pour nous guider dans nos choix.

L'éthique, c'est donc l'action juste. Elle dépend de la vraie culture, c'est-à-dire de la sublimation des instincts. Elle résulte de la permission du Parent intérieur pour vivre les désirs de l'Enfant intérieur, libre et positif. C'est ainsi que les bonnes actions sont de mauvaises actions sublimées, tandis que les mauvaises sont de bonnes actions sottement réalisées.

Pour **Nietzsche**, en qui luttaient l'ivresse des désirs de l'Enfant libre symbolisée par Dionysos et la rigueur de la civilisation du Parent normatif symbolisée par Apollon, dans le *Gai Savoir*, publié en 1887, il s'agit de se dépasser sans cesse par la volonté. Il définit la volonté comme la capacité à produire une action éclairée par l'intelligence. Il s'agit donc de ne pas se soumettre, ni à soi-même ni aux autres. Comment ? En posant les conséquences de chacun de nos actes, comme si nous allions les vivre pour l'éternité.

Pour **Sartre**, contemporain de la folie meurtrière de Hitler, dans *L'Être et le Néant,* publié en 1947, exister c'est s'engager dans le monde et pour autrui, c'est lutter contre toutes entraves qui menacent le projet que nous jugeons digne d'être réalisé, car nous ne sommes rien d'autres que la somme de nos actes. Comment ? En étant responsable, car chacun de nos actes engage l'humanité entière.

Quelles sont les valeurs qui guident nos choix de carrière ?

Pour cela, je m'appuie sur les travaux d'Edgar **Schein**, psychosociologue et professeur au MIT de Boston.

Il est l'inventeur du concept de culture d'entreprise. Pour le définir, il distingue les postulats de base, par exemple « il faut être exemplaire », les valeurs, par exemple « l'intégrité », et les artefacts, par exemple « les codes vestimentaires » et il cherche la cohérence entre ces trois niveaux de culture ou l'incohérence qui pourrait menacer la survie du groupe, notamment dans les fusions-acquisitions.

Par ailleurs, il a élaboré le concept des ancres de carrière dans les années 1970.

Selon lui, au fil du temps, l'individu se fait progressivement une conception de sa propre carrière à partir d'information émanant essentiellement de trois pôles : ses talents, ses motivations et ses valeurs.

En 1985, il publia un inventaire mesurant alors huit ancres. Il les nomma ainsi :

- Compétence technique et fonctionnelle
- Gestion et de coordination
- Autonomie et indépendance
- Sécurité et stabilité ou identité organisationnelle
- Service et dévouement à une cause
- Défi ou variété
- Style de vie et Créativité entrepreneuriale.

Ces huit ancres correspondent à quatre pôles de valeurs.

Il s'agit d'Ouverture au changement et audace avec Défi et Créativité d'entreprise s'opposant au sens de la continuité et prudence avec Style de vie et Sécurité stabilité, et affirmation de soi et ambition avec Gestion coordination et Autonomie et indépendance s'opposant au dépassement de soi et générosité avec Compétence technique et Service et dévouement.

Il est temps maintenant que je vous propose de vous accompagner à la recherche de vos propres valeurs.

Exercice sur l'identification de vos valeurs

Quelle est la méthode qui va nous permettre de répondre à la question posée au début de ce chapitre, à savoir comment faire des choix d'action conformes à nos valeurs, en nous ouvrant à nos dimensions moins conscientes, pour investir notre vie dans la durée ?

Dans ma pratique auprès des dirigeants, après avoir abordé le concept de valeur avec Kant, Nietzsche, Sartre, Chomsky, Berne et Morin, à travers des citations qui constitueront un point de départ pour une réflexion collective, je me sers de différents outils pour les aider à décider avec justesse afin de partager un destin, des rites et des rythmes communs, en se centrant sur leurs valeurs.

Dans un premier temps, je leur propose de répondre à quelques questions sur leurs choix de vie, puis de remplir un court questionnaire sur leurs ancres de carrière.

En premier lieu, voici quelques questions à vous poser pour réfléchir sur les valeurs qui vous guident et ne pas dévier de votre chemin, tout en restant ouvert aux opportunités.

Il s'agit notamment de mettre l'accent sur les mécanismes d'identification et de projection à des héros incarnant des valeurs et des archétypes qui vous enveloppent et vous renforcent, pour comprendre comment votre ambition a évolué afin de garder notre cap :

- Quels étaient vos « héros » d'enfance et d'adolescence ?
- Qu'est-ce qui a motivé votre choix de formation, quels ressentis l'ont accompagné ?

- Qu'est-ce qui a motivé votre choix de première activité, quelle ambition ou objectif à long terme l'a guidée, quelle évaluation en avez-vous fait par rapport à l'objectif initial ?
- Quelle a été la cause d'un changement lors de votre seconde activité, qui l'a déclenchée, quels ressentis l'a accompagné, en quoi était-il en accord ou non avec votre objectif initial ?
- Est-ce que vos ambitions ont changé depuis le début de votre activité, quand, pourquoi ?
- Comment voyez-vous votre vie dans les prochaines années, quelles attentes avez-vous, quelles capacités devez-vous développer, quelles valeurs souhaitez-vous préserver ?
- Quels schémas comportementaux ou contradictions est-ce que ces questions révèlent, comment les régler ?

Il ne faut jamais oublier qu'en psychologie un seul outil ne suffit pas et que nous devons faire des convergences d'indices, c'est pourquoi souvent un questionnaire précède un test.

En second lieu, différents tests nous permettent d'identifier nos valeurs.

Le psychologue Claude Daubercies distingue les valeurs pragmatiques ou éthiques, économiques ou sociales, morales ou intellectuelles.

De son côté, Edgar Schein, psychosociologue, a travaillé sur huit ancres de carrière, huit besoins de réalisation de soi profonds qui nous motiveraient. Nous l'avons vu, pour ce dernier, il s'agit de ne pas renoncer à l'un de ces huit besoins : soit l'équilibre entre sa vie personnelle et professionnelle, le défi, le dévouement à une cause, le fait de voler de ses propres ailes, la sécurité matérielle, l'indépendance vis-à-vis de l'autorité, le goût de la coordination de projet au sein d'un groupe d'appartenance, la capacité à développer une expertise, d'apporter sa pierre à un édifice culturel, pour donner un sens à sa vie.

Comme j'ai souhaité adapter des outils qui ont montré leur efficacité auprès de mes dirigeants, voici le test, basé sur les travaux d'Edgar Schein, que je vous propose, avec une évaluation des résultats simplifiée.

Je vous invite à répondre aux questions puis à calculer vos résultats afin de déterminer des dominantes et des carences pour en tirer des enseignements et un plan d'action.

Test sur les valeurs

Le questionnaire suivant doit vous inciter à réfléchir à vos propres valeurs. Je vous propose d'y répondre le plus sincèrement possible.

Pour chacune des vingt-quatre affirmations mentionnées ci-après, donnez une évaluation sur une échelle allant de 1 à 6. Plus le chiffre est élevé, plus l'affirmation s'applique à vous.

Par exemple : À l'affirmation « Je rêve d'une fonction de président d'une grande entreprise » vous pouvez donner l'évaluation suivante :

- « 1 » lorsque l'affirmation ne s'applique pas du tout à vous ;
- « 2 » ou « 3 » lorsque l'affirmation s'applique quelque peu à vous ;
- « 4 » ou « 5 » lorsque l'affirmation s'applique assez bien à vous ;
- « 6 » lorsque l'affirmation s'applique parfaitement à vous.

Questionnaire simplifié sur les ancres de carrière

élaboré à partir des travaux d'Edgar Schein,

issu des approches systémique et sociocognitive appliquées au management

1. Je rêve dans ma profession d'être si bon que mon conseil qualifié soit toujours demandé.
2. Je suis largement satisfait de mon travail lorsque je suis parvenu à coordonner et à gérer les efforts des autres.
3. Je rêve d'une activité professionnelle dans laquelle je puisse exécuter mon travail et organiser mon temps comme il m'en convient.
4. La sécurité et la stabilité sont pour moi plus importantes que la liberté et l'indépendance.
5. Je suis toujours à la recherche d'idées qui me permettraient de créer ma propre entreprise.
6. Je ressens mon évolution professionnelle comme un succès uniquement lorsque j'ai le sentiment d'avoir apporté une véritable contribution au bien-être de la société.
7. Je rêve d'une activité professionnelle dans laquelle je puisse résoudre des problèmes ou maîtriser des situations qui représentent un véritable défi.

8. Je démissionnerais plutôt que d'accepter une activité qui restreigne mes possibilités, pour m'occuper de mes intérêts personnels et de ma vie privée et familiale.
9. Je ressens mon évolution professionnelle comme un succès uniquement lorsque je peux développer mes compétences et aptitudes fonctionnelles au plus haut niveau.
10. Je rêve de gérer une entreprise complexe et de prendre des décisions qui touchent un grand nombre d'employés.
11. Je suis largement satisfait de mon travail lorsque je dispose d'une liberté sans borne pour déterminer moi-même mes tâches, mes emplois du temps et mon mode de travail.
12. Je démissionnerais plutôt que d'accepter une tâche qui mettrait en danger ma sécurité dans l'entreprise.
13. Pour moi, monter de ma propre entreprise est plus important qu'obtenir un poste de direction dans l'entreprise d'un autre.
14. Je suis largement satisfait de mon activité professionnelle lorsque je peux utiliser mes aptitudes au service des autres.
15. Je ressens mon évolution professionnelle comme un succès uniquement lorsque je suis confronté à des défis extrêmement difficiles et que je peux les maîtriser.
16. Je rêve d'une activité professionnelle dans laquelle je puisse concilier mes besoins personnels avec les exigences de ma famille et de ma vie privée.
17. Pour moi, une activité comme directeur d'un domaine de fonctions dans ma spécialité est plus attirante que ma tâche à la direction générale.
18. Je ressens mon évolution professionnelle comme un succès uniquement lorsque je suis actif à la direction générale d'une entreprise.
19. Je ressens mon évolution professionnelle comme un succès uniquement lorsque je possède mon indépendance et ma liberté sans borne.
20. Je cherche des activités dans l'entreprise par lesquelles j'ai un sentiment de sécurité et de stabilité.
21. Je suis largement satisfait de mon évolution professionnelle lorsque je suis en mesure de créer quelque chose qui résulte exclusivement de mes propres idées et de mon engagement personnel.

22. Utiliser mes aptitudes pour l'amélioration du cadre de vie et du monde du travail est pour moi plus important qu'aspirer à un poste de direction dans le management.
23. Je suis largement satisfait de mon évolution professionnelle lorsque je peux résoudre des problèmes apparemment insolubles ou lorsque j'ai rendu possible l'impossible.
24. Je ressens ma vie comme un succès uniquement lorsque je peux concilier de manière équilibrée mes besoins personnels avec ceux de ma sphère privée et les exigences de ma profession.

Dépouillement

1. Je vous propose dans un premier temps de noter vos points dans le tableau suivant

N° de la question	Nombre de points obtenus	N° de la question	Nombre de points obtenus
1		13	
2		14	
3		15	
4		16	
5		17	
6		18	
7		19	
8		20	
9		21	
10		22	
11		23	
12		24	

2. Je vous invite ensuite à classer vos points par ancres et vos ancres par ordre d'importance

Reportez les points obtenus dans le tableau suivant et calculez le score de chacune de vos ancres :

Q 1 + Q 9 + Q 17 = … + … + … = … = TF

Q 2 + Q 10 + Q 18 = … + … + … = … = DG

Q 3 + Q 11 + Q 19 = … + … + … = … = AI

Q 4 + Q 12 + Q 20 = … + … + … = … = SS

Q 5 + Q 13 + Q 21 = … + … + … = … = CE

Q 6 + Q 14 + Q 22 = … + … + … = … = SD

Q 7 + Q 15 + Q 23 = … + … + … = … = DT

Q 8 + Q 16 + Q 24 = … + … + … = … = IS

En effet les questions 1, 9, 17 correspondent à l'ancre TF : Technique Fonctionnelle et Expertise, c'est-à-dire au besoin de travailler comme spécialiste d'une œuvre plutôt que comme coordinateur.

Les questions 2, 10, 18, correspondent à l'ancre DG : Direction Générale et Coordination, c'est-à-dire au besoin d'être responsable, d'être généraliste.

Les questions 3, 11, 19 correspondent à l'ancre AI : Autonomie Indépendance, c'est-à-dire au besoin de flexibilité, d'absence de directive.

Les questions 4, 12, 20 correspondent à l'ancre SS : Sécurité Stabilité, c'est-à-dire à l'aspiration à la sécurité matérielle.

Les questions 5, 13, 21 correspondent à l'ancre CE : Créateur d'entreprise, c'est-à-dire à la capacité à prendre des risques, à voler de ses propres ailes.

Les questions 6, 14, 22, correspondent à l'ancre SD : Service et Dévouement, c'est-à-dire à la sensibilité à l'amélioration du monde, au développement durable.

Les questions 7, 15, 23 correspondent à l'ancre DT : Défi total, c'est-à-dire à l'attirance pour la variété et pour rendre possible l'impossible.

Les questions 8, 16, 24 correspondent à l'ancre IS : Intégration style de vie personnelle et professionnelle, et au besoin de concilier famille et travail même en renonçant à son évolution professionnelle.

	1	2	3	4	5	6	7	8
Nombre de points								
Nom de l'ancre								

3. Je vous propose enfin de replacer les ancres obtenues en les orientant dans le schéma 1

Schéma n° 1 sur les valeurs

Issu des approches systémique et sociocognitive appliquées au management

Audace
Ouverture au changement

Cadran 3

Direction Générale : ...
+ Autonomie Indépendance : ...
= ...

Cadran 2

Créativité d'entreprise : ...
+ Défi Total : ...
= ...

Conservation de soi
Ambition

Dépassement de soi
Générosité

Cadran 4

Intégration style de vie : ...
+ Sécurité Stabilité : ...
= ...

Cadran 1

Technique Fonctionnelle : ...
+ Service et dévouement : ...
= ...

Prudence
Sens de la continuité

Notez quel est le quadrant le plus investi et demandez-vous comment chercher un équilibre dynamique s'appuyant sur vos forces et limitant vos risques.

- Si vous vous situez dans le quadrant 1 : votre tempérament vous incline à la prudence et à la générosité.
- Si vous vous situez dans le quadrant 2 : votre tempérament vous incline à l'audace et à la générosité.
- Si vous vous situez dans le quadrant 3 : votre tempérament vous incline à l'audace et à l'ambition.
- Si vous vous situez dans le quadrant 4 : votre tempérament vous incline à l'ambition et à la prudence.
- Si vos résultats sont équilibrés, vous avez le sens de la mesure et vos relations sont cordiales.
- Si vos résultats affirment nettement un cadrant, vous avez le sens de la démesure et pouvez développer un talent particulier au détriment des autres.

On peut rapprocher ce schéma de celui du sytème d'Aristote, qui unifie le savoir de l'époque.

Aristote, contrairement à Platon dans son mythe de la caverne, pense que l'apparence et le fond, qu'il nomme matière et forme ainsi qu'acte et puissance, ne sont pas séparés et représentent les deux faces d'une même réalité.

Pour lui l'être, c'est de la substance et cette substance, qui a un devenir en puissance, se compose de quatre éléments matériels : l'eau, l'air, le feu et la terre.

L'âme est donc au corps ce que le pilote est au navire. De la même manière, l'être ne change pas fondamentalement mais change de forme par ses apprentissages.

Hippocrate a transposé le système aristotélicien sur le plan de la physiologie et de la psychologie avec les quatre humeurs et les quatre tempéraments, qui sont à la base de la médecine antique : le lymphatique, le sanguin, le bilieux et le nerveux.

Dans notre schéma sur les valeurs, le cadran 1 représente le lymphatique, le cadran 2 le sanguin, le cadran 3 le bilieux et le quadrant 4 le nerveux.

À présent, enrichissons-nous de la lecture d'un cas de dirigeant opérationnel voyageant à la recherche de ses valeurs repères.

Étude de cas : une situation managériale

Madame A, ingénieur et membre de comité de direction d'une grande entreprise, souhaite prendre du recul sur sa vie professionnelle pour mieux accompagner ses collaborateurs.
Je lui propose de l'accompagner à travers un voyage basé sur un questionnement pour élaborer ce qui est important pour elle, ce qui motive ses choix.
Je l'invite à me répondre avec l'innocence de l'Enfant en elle, et l'assure qu'il n'y aura aucun jugement de ma part mais la seule volonté de comprendre ce qui l'anime.

Qu'est-ce qui a du prix pour vous ?
L'attention aux autres, tant dans la vie professionnelle que personnelle.
Mes principes d'action : être en accord avec moi, dans une position de pionnière.
Un comportant éthique pour moi, c'est d'abord le respect de valeurs humaines.
J'ai hérité de mes parents des valeurs de générosité et d'originalité. C'est ce que j'apprends aussi à ma fille.

Que retenez-vous de votre enfance ?
Je retiens de ma vie passée une enfance pesante, un climat de tristesse et de limitation matérielle, une peur d'être enfermée.
Certains événements m'ont frappée, la mort de mon grand-père alors que j'étais seule avec lui à 3 ans, la violence d'un instituteur pendant tout le primaire qui m'a forgé le caractère en m'obligeant à me défendre, puis mes études secondaires où je me sentais responsable de la bonne marche du groupe auquel j'appartenais, en étant chef de table, par exemple.

Quels ont été vos choix d'études ?

J'ai fait un choix vers la chimie à cause d'une réussite car mes parents ne voulaient pas que je fasse ce qui me passionnait et que j'appelais la publicité. J'adorais ressentir et exprimer ce ressenti par le dessin notamment.

La faillite parentale m'a conduite après ma licence à faire un choix économique vers un diplôme d'ingénieur de bio-technologie médicale, qui m'a en fait beaucoup intéressé.

Parallèlement à ces études, soutenue par une amie avec qui je découvrais les musées, j'ai été embauchée dans un centre de recherche, qui me confiait des travaux très intéressants.

Vers 25 ans, j'avais l'impression de rencontrer ma bonne étoile.

J'ai fait la connaissance de mon mari, qui était de mon village, et qui m'a impressionné par sa générosité. En effet bien que malade il se dévouait aux autres.

Les trajets étaient longs et j'ai failli avoir un accident grave en percutant un camion. J'ai donc décidé d'abandonner la recherche et de revenir près de mon village où mon frère travaillait déjà dans un grand groupe.

Quels ont été vos choix d'activités professionnelles ?

Les six premiers mois furent une horreur, le service était machiste, ma belle-mère envahissante, on m'appelait Columbo.

Une autre rencontre avec une femme pharmacienne m'a aidée, j'ai pris la responsabilité de modules de formation en micro-biologie.

À 30 ans, j'ai été nommée responsable chimie, et ma fille est née. Nous sommes très proches mais je joue le rôle de père, son père de grand frère et sa belle-mère de mère.

Après des missions en Italie et en Allemagne, à 34 ans j'ai été nommée directrice d'usine en Belgique, avec deux cent cinquante personnes à reclasser.

Mais cela s'est bien passé car j'ai annoncé clairement les enjeux, malgré la pression mise par le DG. Cela a toujours été ma force de parler clairement.

À 40 ans j'ai été nommée DRH à Paris, poste que j'occupe aujourd'hui.

Mon mari, ancien commercial, a cessé de travailler à cause de sa maladie.

Que souhaitez-vous pour le futur ? Quelles capacités à développer et quelles valeurs à préserver cela implique-t-il ?
L'innovation m'a toujours attirée. J'aime explorer, être précurseur en tant que femme.
J'ai des valeurs de générosité, d'originalité, de travail bien fait, héritées de mes parents, d'élégance et d'ambition héritées d'une femme qui m'a aidée à poursuivre mes études.

Voici le résultat du test sur les valeurs qui détermine vos ancres de carrière, qu'en pensez-vous ?
Service et dévouement 27 points, Technique fonctionnelle 27, Défi total 26, Intégration des styles de vie 25, Autonomie et indépendance 24, Sécurité et stabilité 21, et Direction générale 15, Créativité d'entreprise 7.
Je me situe en effet dans le cadran générosité prudence, malgré un équilibre général.
La générosité et le sens du devoir SD et TF sont mes deux repères.
Je comprends que CE soit faible, car je suis marquée par la faillite de mes parents. Pourtant j'ai été créative en tant que directeur technique, je le suis moins en RH, mon patron est rassuré par une pensée unique et je ne veux pas le déranger. Peut-être devrais-je l'être davantage en m'appuyant sur des alliés, comme mon président qui m'accorde beaucoup de crédit. Je comprends que DG s'oppose à TF. Peut-être devrais-je être moins perfectionniste.

Après avoir lu ce cas, je vous propose de revenir à votre propre questionnement, enrichi par la réflexion d'un autre.

Notes personnelles : mes valeurs

Quelles sont mes valeurs en trois mots ?

........................, ..., et ....

Quelle est ma carrière intérieure ?

....

Quelles sont les tâches prioritaires pour accepter mes paradoxes et stimuler ma créativité ?

....

....

....

En quoi mes réussites me parlent-elles de l'accomplissement harmonieux de mes valeurs, en quoi mes erreurs me parlent-elles d'un conflit de valeurs au fond de moi ?

....

....

....

En résumé

Une première clé pour réussir dans un monde incertain consiste dans le fait d'avoir conscience de ses valeurs et d'être fier de ses réalisations. Quelles sont les valeurs qui guident mes choix d'action ?

D'après Edgar Schein, psychosociologue au MIT de Boston, huit ancres correspondant à quatre pôles de valeurs peuvent guider nos choix : il s'agit de l'ouverture au changement et audace avec Défi et Créativité d'entreprise qui s'oppose au sens de la continuité et prudence avec Style de vie et Sécurité stabilité, et affirmation de soi et ambition avec Gestion coordination et Autonomie et indépendance qui s'oppose au dépassement de soi et générosité avec Compétence technique et Service et dévouement.

Je veux être un « héros » réaliste et en lien avec le réel de mon entreprise. Lequel suis-je ? De quel mythe suis-je porteur ? Quelle est ma légende personnelle, étymologiquement qu'est-ce que je donne à lire ? Comment est-ce que je lui donne corps à travers mes actions ? Mes désirs et mes volontés sont-ils alignés ?

Clé 2

Réajuster régulièrement ses priorités

Une seconde clé pour réussir dans un monde incertain est de réajuster régulièrement ses priorités, en réaménageant sans cesse son agenda idéal.

En effet, face à l'incertitude interne et externe, la seconde sécurité interne est celle basée sur la connaissance de nos priorités qui découlent de nos valeurs mais qui sont également en lien avec un environnement changeant.

C'est pourquoi, dans ce contexte mouvant, il est important de commencer chaque jour en se concentrant sur ce qui procure du sens avant d'agir. Dans *L'Art de la guerre*, **Sun Tzu** souligne que « le manque de temps est une illusion de l'esprit. En se centrant sur soi et en se reliant aux autres, on rend le temps vivant et constructif car celui qui n'a pas d'objectif ne risque pas de l'atteindre ».

Car sans réaménagement de ses priorités face à un environnement changeant, on devient comme le perdant qui dit ce qu'il fera s'il gagne, sans voir que le monde a changé, tandis que le gagnant sait ce qu'il fera s'il perd.
Sans ancrage dans les priorités donnant du sens à nos actions, pas de sécurité, ni interne, ni externe.
L'autocoaching, c'est-à-dire la distanciation par rapport à soi-même, va nous permettre ce second voyage intérieur...

Définition : Qu'est-ce que le temps ?

Étymologiquement, le mot temps vient du latin « *temporalis* », il signifie « *du monde* » et s'oppose à éternel.

Pourquoi sommes-nous inquiets à l'idée de perdre notre temps ?

Qu'est-ce que le temps ?

Le temps semble être la perception d'une durée limitée accompagnée d'un mouvement.

Pourquoi gérer son temps ?

Gérer son temps suppose dès lors de ne pas subir cette durée limitée et ce mouvement pour quitter ce monde en ayant apporté sa pierre à la cathédrale de la vie.

Le rapport au temps est en effet un rapport à la mort, à la conscience de la vulnérabilité de notre existence et à la trace que nous voulons laisser sur cette terre pour compenser notre angoisse de finitude, car tout projet humain s'inscrit dans le temps, avec un début et une fin. C'est ce que souligne **Sénèque**, dans *De la brièveté de la vie,* l'agitation comme l'oisiveté sont des erreurs qui procèdent de la même cause et qui consistent à penser que l'avenir est assuré.

Pour le général de Gaulle, « maîtriser son temps, c'est prendre du recul par rapport à une situation, c'est replacer l'instant dans la durée ».

Et, nous l'avons vu, durer dépend de la robustesse de nos fondations, qui sont elles-mêmes basées sur nos valeurs.

Gérer son temps pose donc la question de la responsabilité, de la capacité à assumer les conséquences de ses actes, pour les inscrire dans la durée, en différenciant responsabilité consciente et culpabilité inconsciente. On pourrait dire qu'est coupable celui qui sait que la décision qu'il prend est mauvaise, qu'il peut donc la nommer.

Se trouve donc lié au concept de responsabilité celui de culpabilité et ceci implique de distinguer le Parent positif qui conduit vers la responsabilité et le Parent négatif qui inhibe par la culpabilité. Cela nous amène à nous demander comment discerner ces deux voix intérieures positive ou négative.

C'est simple, le Parent positif encourage en disant : « Vas-y car j'ai confiance en toi », tandis que le Parent négatif répète : « Ne fais pas cela car tu n'y arriveras pas. »

Comment gérer son temps ?

Si le temps est une durée qui peut conduire vers une évolution, vers une prise de conscience, gérer son temps permet de vivre un temps de qualité, un temps qui conduit à une résolution. Nous autres êtres mortels, nous vivons dans un espace-temps limité, dès lors le bien-être et l'efficacité viennent de la satisfaction à réaliser dans cet espace-temps nos aspirations, tandis que le mal-être résulte d'une distorsion entre nos souhaits et nos réalisations.

Le temps suppose donc une conscience puisque le temps ne s'écoule que si un observateur observe cet écoulement. Nous savons que l'enfant acquiert la représentation de soi et donc accède au récit de soi, en émergeant progressivement de l'état de fusion et de confusion avec le reste du monde, avec la maîtrise de la parole.

C'est à partir de là et tout au long de la vie que nous chercherons comment vivre le présent avec qualité. Le Parent en nous se préoccupe d'efficience en cherchant le sens, l'Adulte en nous s'attache à l'efficacité en cherchant la réalisation, l'Enfant en nous est animé par l'énergie en cherchant la vitalité au présent, sans être pollué par la nostalgie du passé ou la peur de l'avenir. Ce sont les États du Moi définis par l'Analyse transactionnelle en page 21.

Gérer son temps, ses priorités, c'est de ce fait d'abord gérer ses peurs et donc ses risques majeurs, ses urgences internes, comme la peur de manquer de temps pour réaliser tous les possibles car la vie est courte, la peur de ne pas avoir fait tout ce qui était à faire, la peur de ne pas être à la hauteur, la peur de ne pas savoir apprendre d'une erreur…

Comment rendre son temps vivant ? En luttant contre les gestes inconscients et la routine, « ce confort mortel », comme l'appelait François Mitterrand.

Comment vivre son temps sans le perdre ?

Que nous apprennent les philosophes pour réussir dans un monde incertain, pour mener une « vie bonne », pour vivre son temps de vie sans le perdre ?

Écoutons quelques philosophes à travers l'espace et le temps, des Grecs post-socratiques, aux modernes, nous parler du temps et donc du sens de notre vie sur cette terre :

Pour **Épicure**, ce n'est pas la mort que nous craignons mais l'idée de la mort, car tant que nous vivons, la mort n'est pas là et quand nous serons morts, elle ne sera plus là, c'est pourquoi la suppression des désirs inutiles efface la peur et donne l'accès au bonheur de vivre le temps qui nous est donné de vivre sur cette terre.

Et pour Michel de **Montaigne**, à la fois stoïcien et épicurien, philosopher c'est apprendre à mourir, celui qui apprend à mourir apprend à vivre. En effet il s'agit de vivre chaque instant dans le plaisir et la reconnaissance d'exister, de ne pas remettre au lendemain ce que nous pouvons faire le jour même. Montaigne nous invite donc au bonheur de vivre, à la conscience que la mort est au bout mais pas le but de la vie.

Pour Henri **Bergson** : « Le temps de la conscience n'est pas le temps de la science », le temps de la conscience est fait de durée et d'intuition, tandis que le temps de la science est fait d'intelligence abstraite, nous rappelle-t-il dans son ouvrage *L'Évolution créatrice*, paru en 1907, ou proche d'Héraclite il souligne que la vie est dynamique permanente.

Et pour Mohandas Karamchand **Gandhi** : « La vie est un combat, menons le dignement, la vie est un cadeau, acceptons-le avec gratitude. »

Comment vivre un temps de qualité en réajustant ses priorités ?

Il s'agit d'adopter une posture qui consiste à accepter sans subir qu'il y ait un temps pour tout.

D'après **Sun Tzu**, contemporain de **Thucydide**, il existe deux clefs pour réajuster souplement ses priorités et ainsi durer : l'économie des actions car l'affrontement est coûteux et l'écoute de l'environnement car les blocages ne servent à rien.

Il y a toujours un moyen d'agir lorsque l'on garde l'esprit libre et conscient des renversements possibles. La véritable stratégie n'est pas manipulation mais sagesse qui commence par le recul sur soi et la connaissance des convictions et valeurs de l'autre.

Il distingue victoire sur soi et victoire sur l'autre et affirme, à travers une image de stratégie guerrière, que la maîtrise d'un territoire ou invincibilité dépend de soi, de la fluidité de la communication interne, de la confiance qui unit un pouvoir juste à ses sujets alors que les occasions de victoire sont fournies par les erreurs adverses.

Pour lui, la stratégie s'enracine dans une philosophie dont la loi de base est celle de la circulation de l'énergie, la transformation permanente du yang en yin, du masculin en féminin, qui sont à la fois relatifs et interdépendants. Il s'agit de distinguer les prémices de ce changement incessant pour ne pas le subir.

Cette conception de la stratégie requiert une vision globale fondée sur l'interdépendance et la transformation. À l'inverse du mode de l'Occident, elle est à l'image de l'eau d'essence indirecte, elle va du féminin vers le masculin, du vide vers le plein, de la réceptivité pour ouvrir le monde des possibles vers l'action.

C'est ainsi qu'une force est le produit d'une faiblesse passée que l'on a transformée. Pour durer et transformer le temps en espace, il faut épouser les flux, comme l'eau fuir les hauteurs, c'est-à-dire éviter les résistances et lire la situation en terme de creux et de plein en remplissant les creux, c'est-à-dire en collant au contexte.

Sun Tzu dénombre vingt-quatre stratagèmes, regroupés en quatre catégories, d'Intelligence stratégique :

- Six stratagèmes d'emprise : lorsque l'on se trouve en position haute, il s'agit de prendre l'initiative pour dicter les règles tout en gardant un jeu qui ne soit pas trop prévisible, en utilisant habilement le contexte.

- Six stratagèmes de fil du rasoir : lorsque l'on se trouve en équilibre instable avec des bifurcations et des renversements possibles, il s'agit de sacrifier petit pour gagner beaucoup.
- Six stratagèmes d'attaque : lorsqu'on se trouve en situation de danger, il s'agit de maîtriser l'offensive avec la règle d'économie qui permet d'obtenir beaucoup en investissant peu, tout en créant des surprises, en prenant le contre-pied de ce qui est attendu.
- Six stratagèmes de la dernière extrémité : lorsque l'on se trouve dans des situations d'impasse, de chaos et donc d'opportunités, il s'agit de recourir à des paradoxes et surtout de se préparer en amont à un scénario catastrophe.

Nous voyons que la pensée millénaire de Sun Tzu se retrouve dans la pensée systémique contemporaine avec Edgar Morin.

D'après Edgar Morin, pour comprendre la complexité qui caractérise la mondialisation, il faut introduire le sens des interactions, l'acceptation de l'incertitude, et celle de la nature contradictoire de l'homme. Toutes choses que la pensée orientale préconise. En effet son écriture par idéogramme, contrairement à notre écriture alphabétique, analytique et abstraite, incline vers la pensée métaphorique, globale et pragmatique. « Le destin guide ceux qui lui sont dociles et tire ceux qui lui sont rebelles », nous rappelle le stoïcien **Sénèque.**

Il s'agit toujours, comme le soulignait Sénèque, de discerner l'essentiel ou l'important et de se détacher de l'accessoire ou de la pression des urgences. Rappelons-nous la métaphore des gros cailloux de la vie, issue d'un conte oriental.

> “ Un jour, un vieux sage oriental fut engagé pour donner une formation sur la planification efficace de son temps à un groupe d'une quinzaine de dirigeants de grosses compagnies occidentales.
>
> Ce cours constituait l'un des cinq ateliers de leur journée de formation. Le vieux professeur n'avait donc qu'une heure pour « faire passer sa matière ».

Debout, devant ce groupe d'élite, qui était prêt à noter tout ce que l'expert allait enseigner, le vieux professeur les regarda un par un lentement, puis leur dit : « Nous allons réaliser une expérience. »

De dessous la table qui le séparait de ses élèves, le vieux professeur sortit un pot de verre de plus de quatre litres qu'il posa délicatement en face de lui. Ensuite, il sortit environ une douzaine de cailloux a peu près gros comme des balles de tennis et les plaça délicatement, un par un, dans le grand pot. Lorsque le pot fut rempli jusqu'au bord et qu'il fut impossible d'y ajouter un caillou de plus, il leva lentement les yeux vers ses élèves et leur demanda : Est-ce que ce pot est plein ?

Tous répondirent : « Oui »...

Il attendit quelques secondes et ajouta : « Vraiment ? » Alors, il se pencha de nouveau et sortit de sous la table un récipient rempli de gravier. Avec minutie, il versa ce gravier sur les gros cailloux puis brassa légèrement le pot. Les morceaux de gravier s'infiltrèrent entre les cailloux... jusqu'au fond du pot. Le vieux professeur leva à nouveau les yeux vers son auditoire et redemanda : « Est-ce que ce pot est plein ? »

Cette fois, ses brillants élèves commençaient à comprendre son manège. L'un d'eux répondit : « Probablement pas ! »

« Bien ! » répondit le vieux professeur. Il se pencha de nouveau et cette fois, sortit de sous la table une chaudière de sable. Avec attention, il versa le sable dans le pot. Le sable alla remplir les espaces entre les gros cailloux et le gravier. Encore une fois, il demanda : Est-ce que ce pot est plein ?

Cette fois, sans hésiter et en chœur, les brillants élèves répondirent : Non !

Bien ! Répondit le vieux professeur. Et comme s'y attendaient ses prestigieux élèves, il prit le pichet d'eau qui était sur la table et remplit le pot jusqu'à ras bord. Le vieux professeur leva alors les yeux vers son groupe et demanda : « Quelle grande vérité nous démontre cette expérience ? »

Pas fou, le plus audacieux des élèves, songeant au sujet de ce cours, répondit : Cela démontre que même lorsque l'on croit que notre agenda est complètement rempli, si on le veut vraiment, on peut y ajouter plus de rendez-vous, plus de choses à faire.

« Non », répondit le vieux professeur. « Ce n'est pas cela. »

La grande vérité que nous démontre cette expérience est la suivante : si on ne met pas les gros cailloux en premier dans le pot, on ne pourra jamais les faire entrer tous ensuite.

Il y eut un profond silence, chacun prenant conscience de l'évidence de ces propos.

Le vieux professeur leur dit alors : « Quels sont les gros cailloux dans votre vie ? Votre santé ? Votre famille ? Vos ami(e)s ? Vos rêves ? Apprendre ? Défendre une cause ? Ou... toute autre chose ? »

« Ce qu'il faut retenir, c'est l'importance de mettre ses GROS CAILLOUX en premier dans sa vie, sinon on risque de ne pas réussir... sa vie.

Si on donne priorité aux peccadilles comme le gravier, le sable, on remplira sa vie de peccadilles et on n'aura plus suffisamment de temps précieux à consacrer aux éléments importants de sa vie.

Alors, n'oubliez pas de vous poser à vous-même la question : Quels sont les GROS CAILLOUX dans ma vie ? Ensuite, mettez-les en premier dans votre pot, dans votre vie. »

D'un geste amical de la main, le vieux professeur salua son auditoire et lentement quitta la salle.

»

Il est temps maintenant que je vous propose de vous accompagner à la recherche de vos propres priorités pour garder votre cap tout en les réajustant régulièrement afin de vous adapter à votre environnement mouvant.

Exercices sur la gestion du temps

Quelle est la méthode qui va nous permettre de répondre à la question posée précédemment ? C'est-à-dire comment parvenir à faire ce que nous nous sommes engagés à faire, sans remettre au lendemain ce que nous pouvons faire le jour même, en nous ouvrant à nos dimensions moins conscientes ?

Dans ma pratique auprès des dirigeants, après avoir fait un détour par Épicure, Sun Tzu et Bergson pour expliquer le rapport au temps, à travers des citations qui constitueront un point de départ pour une réflexion collective, j'ai recours en effet à différentes méthodes de classification et de régulation des activités.

Ce travail est précieux pour clarifier son esprit et rendre le temps plus vivant, pour construire un espace intérieur afin de se distancier et faire face à ses difficultés, pour se dégager de ses messages contraignants et fluidifier son comportement. Il permet de repérer ses modes de fonctionnement, d'identifier ses ressources, de s'appuyer sur ce qui fonctionne et de transformer les obstacles en opportunités. Il permet de faire le bilan de ses objectifs prioritaires, de diagnostiquer ses actions chronophages, de faire un plan d'action en visualisant la réussite et en élaborant des réflexes « gain de temps ».

En effet, une bonne gestion du temps permet de faire ce que l'on décide de faire de sa vie en faisant le présent de sa présence, en étant attentif, généreux et créatif. Nous le savons, pour Lénine, le temps c'est de l'argent. Mais, dans une optique plus idéaliste, c'est aussi de la joie de vivre, le sentiment d'appartenir à un groupe et de la réalisation de soi.

Comment gérer ses priorités pour trouver le sens, clarifier ses messages, développer son charisme, gérer son stress et son énergie, pour accorder aspirations personnelles et projet professionnel ?

Trois principes d'efficacité, que nous explorerons successivement, vont nous guider :

1. La loi de Parkinson : Une activité occupe le temps imparti
2. La grille d'Eisenhower : Les Urgents et les Importants
3. La loi de Pareto : 20 % des activités produisent 80 % des résultats

Loi de Parkinson

La loi de **Parkinson** fut exprimée en 1958 par Cyril Northcote Parkinson dans son livre *Les Lois de Parkinson*.

Elles sont basées sur une longue expérience de l'administration britannique et notamment du bureau des affaires coloniales ou il observait un accroissement du nombre d'employés alors que l'empire britannique était en plein déclin.

La loi de Parkinson affirme que « le travail s'étale de façon à occuper le temps disponible pour son achèvement », autrement dit une activité occupe le temps qui lui est imparti.

Dans cette optique et à partir de cette contradiction, je vous propose d'identifier concrètement vos pièges du temps, sur le plan du rapport au temps dans votre entreprise, sur le plan individuel comme sur le plan collectif, pour trouver des solutions adaptées, en répondant mentalement aux questions suivantes.

Êtes-vous moins efficace si vous travaillez moins ?

Savez-vous que des études sociologiques montrent que le 4/5 a rendu les femmes plus efficaces au travail ? Ne pensez-vous pas que la présence s'évalue plutôt en qualité qu'en quantité ?

Rattrapez-vous le temps d'absence lorsque vous rentrez de vacances ?

Est-ce qu'un regard nouveau ne permet pas de mieux prioriser ?

Qu'est-ce qui détermine la fin d'une activité ?

Savez-vous que, s'il y a dix ans 15 % des dirigeants interrogés disaient qu'ils avaient besoin d'une heure pour mener à bien une activité, il y en a aujourd'hui 25 % ?

Quelle est votre définition de l'efficacité, de l'efficience ?

Voici quelques réactions obtenues dans mes séminaires :

« Efficacité : Une atteinte des objectifs de productivité dans un temps donné.

Efficience : Si une adéquation objectifs-résultats donne l'efficacité, un triangle objectifs, résultats, moyens adaptés donne l'efficience »...

Quelle est votre définition de la satisfaction ?

Nous savons que la satisfaction est source de motivation, d'énergie et donc de performance et que nous ne pouvons être efficaces sur le long terme sans être satisfait.

Voici quelques réactions obtenues dans mes séminaires :

« Un désir, une exigence, une attente assouvie... surmonter ses peurs... Être en lien... »

Comment décrivez-vous une journée, une semaine réussie ?

Voici quelques réactions obtenues dans mes séminaires :

« Une régulation des flux externes. Procéder de moi et me préparer... Un équilibre entre vie personnelle et vie professionnelle. Quand cela me pince le cœur et que je ne ressasse pas... Elle est planifiée à 60 %... Avant chaque RV j'ai défini clairement mon objectif... Je m'appuie sur mes forces, je me donne des permissions... Des réunions préparées, une délégation avec contrôle régulier... »

La grille d'Eisenhower des urgents et des importants

Au milieu des années 1950, le président **Eisenhower** avait demandé à l'un de ses conseillers de l'aider à hiérarchiser ses activités. C'est grâce à la grille d'Eisenhower que chaque dirigeant aujourd'hui peut judicieusement classer ses dossiers en quatre piles sur son bureau.

Nous savons que prioriser, c'est choisir ce qui correspond à nos valeurs de responsabilité et à nos besoins de réalisations, c'est développer son sens stratégique et donc son sens du long terme, en évacuant les actions chronophages.

C'est ainsi que nous pouvons distinguer nos activités en quatre catégories : Important non Urgent, Urgent Important, Urgent non Important et non Urgent non Important.

- **InU** : Ce qui donne sens à notre mission. Par exemple, perdre deux heures de transport et éviter une grève de vingt personnes. Par exemple aussi, se demander ce qui serait **précieux**, pour notre prédécesseur, pour notre successeur.
- **UI :** Ce qu'il faut faire **rapidement**. Par exemple la gestion de la crise.

- **U nI** : Ce qui doit être **délégué**. Sans oublier que seule l'action est déléguée, jamais le contrôle de cette action.
- **nUnI :** Ce qui ne fait pas progresser, ce qui pollue notre vie, nos pensées parasites et celles des autres, ce qui n'est ni juste, ni bon, ni utile, comme disait Socrate. Ce qui ne correspond pas à nos valeurs, ce qui n'apporte **aucune valeur ajoutée** à notre action et ne nécessite pas une implication de notre part. Par exemple ce qui est à oublier, à mettre à la poubelle, comme certains mails en copie.

Établissez le bilan de vos priorités

- Quel serait le bilan de vos motivations à agir : travail, partage, défi d'actions, et de vos actions chronophages ?
- Quelles seraient les actions motivantes et les actions chronophages sur lesquelles vous pouvez agir ?
- Quel serait le camembert de vos activités présentes et désirées sur vos taches d'encadrement, de commercialisation, de stratégie, d'animation de réunions ?...

Construisez votre agenda idéal

- Comment définissez-vous vos activités importantes prioritaires ?
- Comment planifiez-vous vos activités importantes prioritaires ?
- Quel serait l'écart entre votre agenda idéal et votre agenda réel sur le mois dernier ?

Voici un conseil pour prendre du recul : Alain Afflelou dit que pour faire le tri entre ses Urgents et ses Importants, il lit son agenda en arrière, dans l'ordre inverse de la chronologie du temps, distinguant ainsi plus clairement ce qui a eu un impact durable ou non.

Voici aussi une réflexion de stratège : en prenant ses fonctions au quai d'Orsay en mars 2011, Alain Juppé a déclaré : « Je vais prendre mon temps, j'ai deux priorités : renouer en interne le dialogue avec les diplomates et en externe avec les pays arabes. »

Un responsable doit en effet se protéger des urgences pour ne pas remplir sa vie de peccadilles.

Rappelons-nous qu'*urgere* en latin signifie « tourmenter », c'est ainsi que l'urgence conduit à la crise quand les enjeux sont forts. Savez-vous que si, en 1990, il y avait 7 millions d'entrées aux urgences hospitalières, il y en a eu 17 millions en 2010 ? Nous vivons « trop vite », sans réfléchir, comme le souligne Jean-Louis Servan-Schreiber.

Quel est votre acte le plus lent, le plus conscient ?

« Quand c'est urgent, c'est déjà trop tard », disait le diplomate Charles-Maurice de **Talleyrand-**Périgord.

Cependant il faut distinguer urgence interne et urgence externe.

Les urgences internes dépendent de notre inévitable sentiment de culpabilité qui nous pousse à nous interrompre constamment pour faire plaisir, à nous disperser par peur de manquer quelque chose ou à vérifier et à nous méfier. Certains vont jusqu'à faire d'abord ce qu'ils n'aiment pas faire et envahissent leur vie de devoir en oubliant que c'est dans le plaisir que se trouvent les réserves d'énergie.

Les urgences externes dépendent souvent des pressions de la hiérarchie, des interruptions ou des jeux de pouvoir. Souvent il est urgent d'attendre que le contre-ordre vienne.

Quelles sont vos urgences externes ?

Les urgences externes sont souvent le résultat de la logique financière qui fonctionne 24 heures sur 24. Or le temps de l'entreprise n'est pas celui des actionnaires. En effet il faut au moins deux ans pour construire une équipe animée par la nature contradictoire de l'homme.

Quelles sont vos urgences internes ?

Les urgences internes sont en lien avec les messages contraignants qui nous habitent, se dépêcher, chercher la perfection, vouloir faire plaisir avant tout... et la difficulté d'affirmation de soi.

Quels sont vos bénéfices secondaires à être toujours débordé ?

Vous sentez-vous plus utile en acceptant les interruptions, plus responsable en contrôlant tout, ou plus créatif en faisant des estimations utopiques ?

Les effets négatifs de l'urgence se traduisent souvent par le stress et la dépression due à la perte de lien. Mais il ne faut pas négliger les bénéfices secondaires de l'urgence qui consistent dans le fait de se sentir vivant, aimé, reconnu, si notre agenda est plein.

En Occident, la conception du temps linéaire et quantitatif incline à l'action immédiate au détriment de la réflexion. Pour nous le temps perdu ne se rattrape jamais.

Contrairement à cela, la conception orientale du temps cyclique et qualitative fait que ce qui n'a pas été réalisé aura à nouveau l'occasion de se réaliser. Cette conception orientale introvertie fait confiance à l'esprit pour se concentrer, anticiper, simplifier et ainsi arrêter ou accélérer le temps.

Cette vision souligne l'importance de la priorisation pour vivre selon ses valeurs. En effet on ne peut mener tous les combats en même temps sans paradoxalement perdre ses valeurs : « J'en veux pour preuve actuellement le débat avec la Chine autour de deux problématiques : le message du Tibet et la guerre des monnaies », nous disait Michel Rocard en 2010.

Loi de Pareto

Vilfredo **Pareto** était un sociologue et économiste italien du XIXe siècle. Il apporta des contributions importantes dans ces deux matières, particulièrement dans l'étude de la distribution du revenu et dans l'analyse des choix individuels. Il introduisit le concept d'efficacité et aida au développement du champ de la microéconomie.

Pour Pareto, l'*Homo œconomicus* développe un égoïsme bien compris, et un pragmatisme justifiant l'idée par l'effet produit. C'est ainsi que la loi qu'il a établi énonce ceci : 20 % des activités produisent 80 % des résultats, ou 80 % du chiffre d'affaires provient de 20 % des clients.

Après avoir donné la parole au Parent en nous avec ses valeurs et son éthique, il s'agit également de donner la parole à l'Adulte en nous avec ses moyens, ses intérêts et ses objectifs pour agir dans un environnement donné. Dans un monde incertain, il s'agit d'identifier le peu qui produit le beaucoup pour agir avec sens stratégique, recul et économie d'énergie, afin de dégager les finalités. C'est l'Adulte en nous qui nous inspire ici. Il s'agit aussi de ne pas oublier l'Enfant en nous, source de toute motivation.

Quel est le noyau dur de votre fonction, votre valeur ajoutée ?

....

Qu'est-ce que vous aimez dans votre fonction ?

....

Qu'est-ce qui vous manque et vous préoccupe dans votre fonction ?

....

Qu'est-ce que vous aimiez dans votre précédente fonction ?

....

Quelle est votre exigence pour votre prochaine fonction ?

....

Imaginez qu'à partir de lundi vous avez une nouvelle mission et vous êtes à mi-temps au même salaire sur votre fonction actuelle :

Que conservez-vous pour être efficace ?

....

Quelles sont les conséquences de ce choix sur vos résultats, négatifs, positifs ?

....

....

Quelle est votre satisfaction de ne faire que ce qui correspond au noyau dur de votre fonction ?

....

Quel serait votre successeur idéal, son profil, son expérience, ses compétences ?

....

....

....

Quel devrait être son style de management et sa relation aux autres pour être le mieux adapté aux exigences de votre fonction ?

....

Quelles sont vos instructions particulières à lui donner pour réussir dans la fonction ?

– sur le plan des objectifs prioritaires ?

....

....

– sur le plan des relations avec votre équipe ? votre chef ? vos partenaires ? vos clients ?

....

....

....

Qu'est-ce que vos réponses aux questions ci dessus vous apprennent sur une meilleure gestion de votre fonction actuelle ?

....

....

Qu'est-ce que vous faites et que vous devriez faire moins ou plus ?

....

....

À présent, enrichissons-nous de la lecture d'un cas de dirigeant opérationnel en voyage à la recherche de ses priorités en les réajustant régulièrement pour s'adapter à son environnement mouvant.

Étude de cas : une situation managériale

Monsieur B, responsable Ressources humaines, dans le cadre d'un coaching de performance, doit se préparer à une montée en compétences dans son domaine d'expertise.

Je lui propose de l'accompagner à travers un voyage basé sur un questionnement pour élaborer tout d'abord ses priorités donnant sens à ses actions, ensuite ses représentations sur l'efficacité et la satisfaction, et enfin ses projets à plus ou moins long terme.

Je l'invite à me répondre avec la spontanéité de l'Enfant en lui, et l'assure qu'il n'y aura aucun jugement de ma part mais la seule volonté de comprendre ce qui l'anime.

Qu'est-ce qui détermine pour vous la fin d'une activité ?
Lorsque mon interlocuteur est satisfait. Ceci dit je mets un terme au bout d'une heure trente, pour ne pas tourner en rond. C'est ainsi que je prends le plus souvent mes rendez-vous à 11 heures pour avoir la butée du déjeuner.

Comment traitez-vous votre activité au retour de vacances ?
J'ai anticipé en déléguant, je me suis fait envoyer les mails essentiels quelques jours avant la fin de mes vacances et je les traite dans les cinq heures de train de retour.

Quelle est votre définition de l'efficacité ?
Est efficace celui qui remplit ses objectifs selon des critères de temps et ressources définis.

Quelle est votre définition de la satisfaction, sans laquelle il n'y a pas de véritable efficacité ?
Quand je sens que je rends service au-delà de ce que l'on m'a demandé. Si on me l'exprime, c'est encore mieux.

Comment se passe une journée réussie ?
D'abord avec un rituel de contact avec mes équipes. Puis avec des réunions clients bien préparées aboutissant à de bons feedbacks que je m'empresse de partager. Et enfin avec un retour à la maison à une heure décente pour partager un dîner et un film en famille.

Quelles sont vos Urgences et Importances ?
Non Urgent, non Important : nUnI : tout ce que je ne fais pas, j'aime aller à l'essentiel et aider à aller à l'essentiel.
Urgent non Important : UnI externes : les reporting, je me demande toujours qui va les lire. Je sais le dire et refuser.
UnI internes : les contraintes que je me fixe comme ne pas laisser ma fille seule et rentrer plus tôt. Je suis aussi obsessionnel sur les rangements. Mon épouse sait trouver les mots pour m'aider à relativiser.
Urgent Important : UI : la gestion des crises comme la détresse d'un manager ou la prestation avec un défaut de qualité pour un client ;
Non Urgent Important : nU I : le contact.

Qu'aimez-vous dans votre fonction ?
Avant tout la diversité, les contacts multiples, apprendre.

Ce qui vous préoccupe ?
Les tâches administratives, le reporting.

Qu'aimiez-vous dans votre fonction précédente ?
Être au milieu d'une équipe et les faire avancer dans la joie.

Ce qui vous préoccupait ?
Voir les gens mal à l'aise, à cause d'un rythme trop rapide, d'exigences trop hautes, de déceptions dues à la concurrence salariale. Avec un client on peut récupérer un malaise, avec un salarié c'est beaucoup plus difficile.

Que souhaitez-vous pour votre prochaine fonction ?
Une équipe agréable, la confiance et la reconnaissance du dirigeant. Je peux l'obtenir car je suis efficace dans le dialogue social, j'ai de bonnes relations avec les organisations syndicales dont les avis sont précieux pour moi.

Que garderiez-vous pour être efficace dans votre fonction si vous deviez passer à mi-temps ?
La relation clientèle et l'appui à mon directeur sur le management, je délègue la formation et la sécurité.
Cela me satisfait car j'ai été choisi pour exercer cette mission parce qu'elle correspond à mes compétences et à mon histoire.
Les conséquences positives sont que je ne me disperse pas.
Les conséquences négatives c'est que mon besoin de diversité n'est pas entièrement satisfait.
Ce que je vais faire : me concentrer et me divertir car personne ne le fera à ma place.

Quels conseils donneriez-vous à votre successeur si vous deviez partir demain ?
Mon successeur aurait le sens du service, il devrait se concentrer sur la satisfaction du client, je lui conseillerais de rassurer ses clients et de protéger ses équipes.

Que retenez-vous de cette séance ?
Je retiens les images ressources, les gros cailloux, pour être moi-même en toutes circonstances.

- *Je retiens aussi que ces images ressources sont liées à mes non Urgents Importants. Je réaffirme que mes gros cailloux sont mon équilibre de vie professionnelle et personnelle, mon besoin de contacts nombreux et d'activités diversifiées, mon désir de rendre service.*
- *Quand je me sens légitime, je sais aller à l'essentiel et dire non aux urgences externes. Quand mon épouse me le rappelle, je calme mon impatience de vouloir tout faire vite et bien et de presser ma fille, qui me ressemble beaucoup. »*

Après avoir lu ce cas, je vous propose de revenir à votre propre questionnement, enrichi par la réflexion d'un autre.

Notes personnelles : mes priorités

Quels sont mes gros cailloux en trois mots ?

........................., ..., et ....

Comment est-ce que je les honore et je les planifie quotidiennement ? Quel serait mon agenda idéal ?

....

....

....

....

Qu'est-ce que je fais que je devrais faire moins et qu'est-ce que je devrais faire plus ou mieux ?

....

....

....

....

Quel serait mon successeur idéal ? Qu'est-ce que j'apprends de lui pour réaliser ma mission ?

....

....

....

....

En résumé

Une seconde clé pour réussir dans un monde incertain consiste à se centrer sur ses priorités en les réajustant régulièrement et en construisant son agenda idéal, qui met en relief ce qui est important dans notre vie.

« Le manque de temps est une illusion de l'esprit, en se centrant sur soi et en se reliant aux autres, on rend le temps vivant et constructif car celui qui n'a pas d'objectif ne risque pas de l'atteindre. » Durer dépend donc de la robustesse de nos fondations.

Comment vivre le présent avec qualité ? Le Parent en nous se préoccupe d'efficience en cherchant le sens, l'Adulte en nous s'attache à l'efficacité en cherchant la réalisation, l'Enfant en nous est animé par l'énergie en cherchant la vitalité au présent, sans être pollué par la nostalgie du passé ou la peur de l'avenir.

Le temps, c'est la vie. Le rapport au temps est en effet un rapport à la mort et à la trace que nous voulons laisser sur cette terre.

Gérer son temps permet de faire ce que l'on a décidé de faire, en faisant le présent de sa présence, avec efficacité et satisfaction, en suivant ses valeurs, ses « importants », ses gros cailloux, en priorisant et en prenant du recul pour discerner le chemin qui produit ce qui est essentiel pour nous.

Clé 3

Apprivoiser le contraire de son identité apparente

Une troisième clé pour réussir dans un monde incertain consiste à apprivoiser le contraire de son identité, en nous ouvrant à ce qui semble ne pas nous ressembler.
En effet, face à l'incertitude interne et externe, la dernière sécurité interne est basée sur la connaissance de ce qui constitue notre identité. C'est pourquoi, dans ce contexte mouvant, il est important de s'interroger sur nos désirs profonds et sur ce que nous réprimons en nous-même. Car comme le souligne André **Malraux**, « la vérité d'un homme est d'abord ce qu'il cache ». Il faut s'interroger aussi sur notre vérité qui est complexe et duelle car comme le rappelle Jean-Paul **Sartre**, « toute posture est une imposture ».
Sans ancrage dans ce qui constitue notre désir profond, notre pulsion de vie, pas de sécurité, ni interne, ni externe.
L'autocoaching, c'est-à-dire la distanciation par rapport à soi-même, va nous permettre ce troisième voyage intérieur…

Définition : Qu'est-ce que l'identité ?

Étymologiquement, le mot identité vient du latin « *identicus* », et signifie « *semblable à soi-même* ».

Qu'est-ce qui est semblable à soi-même ? L'image que nous voulons donner de nous-même ou le noyau fondamental de notre être que nous ignorons en partie ? L'identité apparaît donc comme un objet paradoxal, à la fois unique et multiple.

Comment aborder la complexité de notre identité ?

Tout d'abord il s'agit d'avoir le courage de regarder au fond de soi

Ce courage permet de prendre conscience de notre « ombre » et de dépasser nos « blessures », pour faire l'apprentissage de soi. Ce courage permet aussi de prendre conscience que notre image est bien souvent le reflet déformant de nos désirs profonds. Ce courage permet enfin de tendre vers la sérénité, condition de l'efficacité. Car notre être extérieur, conscient, de surface, nous éloigne de nous-même, tandis que notre être intérieur, inconscient, nous détermine en secret. Dès lors, avoir le courage de descendre dans son jardin secret approfondit et allège à la fois, par la prise de conscience de nos contradictions, qui ne sont pas si loin si nous les éclairons.

Écoutons Éric **Berne**, qui a donné une définition originale de l'identité. Pour lui, elle est un sentiment d'unité intérieure, d'affirmation de soi, différent, indépendant et non identique à l'autre, permettant de se développer, à partir de ses désirs profonds et en accord avec son environnement. Pour l'Analyse transactionnelle, l'identité comprend trois parties : l'identité scénarique, l'identité héroïque et l'identité réaliste, partant d'un Prince, un être de désir et de talent se transformant parfois en crapaud lors des inévitables frustrations de la vie. Nos scénarios de vie sont basés sur des décisions enfantines aujourd'hui oubliées car réprimées, à l'origine de nos mythes personnels qui orientent notre énergie vitale.

Ensuite, il convient de comprendre que notre identité est multiple et contradictoire

En effet la prise de conscience de nos scénarios de vie révèle nos ambivalences fondamentales. C'est ce que nous soulignent ces auteurs : « Il se trouve toujours autant de différence de nous à nous-même que de nous à autrui. » disait Michel de **Montaigne** ou encore « Je ne suis pas toujours de mon avis » nous avoue malicieusement Jean d'Ormesson.

Être complet, c'est donc prendre conscience que nous sommes plusieurs à l'intérieur de nous-même, que nous sommes un concert de voix acceptées ou réprimées et que l'équilibre avec soi et avec l'autre passe par cette acceptation de notre part d'ombre, de notre part de Diable, étymologiquement « *qui se jette en travers* ». Car plus la personnalité est fragile, plus elle fuit cette part d'ombre et cette « blessure qui ne peut alors plus se transformer en perle ».

Pour le psychanalyste C. Gustav **Jung**, la voix réprimée en nous est une voix qui émane de l'autre sexe. C'est ainsi qu'il a appelé *anima*, le féminin réprimé de l'homme et *animus* le masculin réprimé de la femme. Ce faisant, il a rappelé le mythe **d'Aristophane** énonçant qu'à l'origine de l'humanité les humains étaient à la fois homme et femme, ce qui les rendait arrogants et ce qui a contraint les dieux à les sectionner. « Sexe » vient donc de « section » et conduit l'humain à la quête perpétuelle de sa moitié perdue.

L'équilibre psychologique est de ce fait le résultat de l'utilisation de la part réprimée en soi à l'origine d'une richesse retrouvée. Cet équilibre traduit le passage souple d'un pôle de nous-même à un autre. Cet équilibre fait que le dialogue avec l'autre est également plus fluide et qu'à travers ce dialogue nous devenons ce que nous sommes, comme le soulignait le philosophe **Héraclite** pour qui la vie est flux perpétuel.

La rigidité sur une posture conduit à la pathologie alors que la santé s'exprime à travers la souplesse comportementale. Celle-ci exprime l'adaptation à la vie, elle permet de vivre en acceptant ce que l'on ne peut changer, tout en se ressourçant à sa créativité.

Et enfin cela permet de réaliser nos rêves pour nous unifier et nous engager.

Comment se ressourcer à sa créativité pour réaliser nos rêves ? Rien ne remplace l'introspection pour se découvrir de façon réaliste puis pour réaliser ses rêves. La mythologie nous fournit de nombreux exemples d'introspection créative comme le voyage initiatique d'Ulysse, traversant ses peurs et retrouvant sa terre d'Ithaque ou le même voyage initiatique de Moïse, écoutant son cœur avant d'apporter à son peuple les tables de la loi.

C'est ce que souligne également Jean-Paul **Sartre**, lorsqu'il rappelle que nous faisons des choix sans référence à une identité mais en lien avec un moteur, un désir inconscient. Dans *L'existentialisme est un humanisme*, publié en 1945, il montre que l'homme n'est pas le jouet de son inconscient, qu'il est libre de ses choix et que cette liberté l'engage et le responsabilise dans l'élaboration de son projet.

Qu'est-ce qu'un leader ? Un être en paix avec son image extérieure, car elle est le reflet de son être intérieur ? C'est ainsi que les équipiers de Steve **Jobs** pouvaient dire de lui : « On le suivrait au bout du monde » car il y a dans son projet une force qui s'impose et rassure. Ou un être en surcompensation, animé par la terreur de ne pas réussir et la rage de réussir, impressionnant ses équipiers, comme on en trouve tant d'exemples dans l'histoire ?

Comment être fidèle à soi-même ?

Que nous apprennent les philosophes pour réussir dans un monde incertain, pour mener une « vie bonne » et être identique et fidèle à soi-même ?

Pour **Lao-tseu**, étymologiquement « vieux nourrisson », contemporain mythique de Confucius et maître du Bouddha, auteur du *Livre de la voie et de la vertu,* il s'agit d'unifier les contraires, qui sont l'envers et l'endroit d'une même réalité. Comment ? En favorisant la souplesse de pensée et d'action, ce qui engendrera une action positive.

Pour **Socrate**, contemporain des sophistes et maître de Platon qui a fait connaître sa pensée à travers ses célèbres *dialogues*, condamné à se suicider et accusé d'avoir corrompu la jeunesse par son questionnement mené avec la méthode de l'ironie pour apprendre à apprendre, il s'agit de chercher la vérité au-delà des apparences. Comment ? En attachant plus d'importance à l'être qu'à l'avoir et en restant fidèle à soi-même quelles que soient les circonstances, en développant l'ironie et le recul sur soi, comme exercice de développement personnel.

Qu'est-ce qu'évoluer ?

Que nous apprend la métaphore identitaire du Prince et du Crapaud pour contribuer à notre développement personnel ?

Pour Éric **Berne**, à l'origine de notre histoire, il y a un Prince, un être de talent, de désirs et de valeurs, qui a été blessé par des principes éducatifs et des interdits limitant son potentiel. Cela est rassurant de savoir que ceux qui ont un potentiel ont aussi un blocage.

Ce Prince blessé s'est donc transformé en Crapaud, agissant avec des mécanismes de défense inadaptés : trop de rationalisation, trop d'émotivité, trop d'activisme... pour réussir. Et pour ne pas voir sa laideur, il a adopté un masque social de bonne éducation, de perfectionnisme, de gentillesse. « Les honneurs déshonorent, le titre dégrade, la fonction abrutit », disait Gustave **Flaubert** pour illustrer la vanité de ce masque.

D'après l'Analyse transactionnelle, nos points scénariques représentent donc nos points forts comme nos points faibles. Et parallèlement à notre identité scénarique inconsciente, il existe une identité réaliste et consciente que nous construisons chaque jour avec autonomie et responsabilité.

Schéma n° 2 sur l'identité

issu de l'Analyse transactionnelle

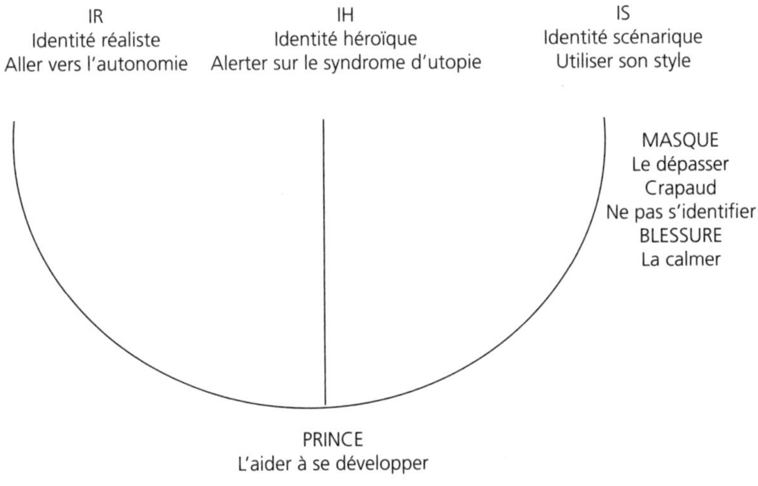

On peut schématiser l'identité en trois axes

- L'identité scénarique est notre pente naturelle, blessée et colorée par les émotions du passé, sans travail de mise à distance d'espace et de temps pour créer avec soi-même une relation de qualité. La branche scénarique représente notre tempérament et notre caractère. Elle est fonction de notre sensibilité native façonnée par notre environnement.

- L'identité héroïque représente notre piège préféré, notre tendance à en faire trop sur le mode de nos valeurs parentales.
- L'identité réaliste traduit notre parfaite adaptation au présent lorsque nous utilisons nos talents et lorsque nous dépassons notre blessure en relativisant la honte qu'elle a provoquée en nous.

Comment développer notre identité ?

Dès lors, il s'agit de développer le Prince en nous pour être autonome, c'est-à-dire spontané, ouvert et éthique, de ne pas s'identifier au crapaud en nous qui n'est pas une réalité mais un avatar de son Prince, de dépasser le masque pour vivre avec plénitude, de ne pas aller vers des objectifs utopiques que pourrait nous suggérer notre héros de fer-blanc.

De quelle manière ? En nous rappelant que nos sens sont limités et que donc notre perception de nous-même l'est aussi. C'est à partir de cette certitude que nous pouvons progresser, en développant notre esprit, en nous donnant des protections et en analysant les conséquences de nos actions, en développant notre cœur, en nous donnant des permissions pour retrouver confiance, en développant notre action en mettant notre énergie dans nos choix.

Prenons un exemple personnel pour identifier ces trois processus scénariques.

- Le masque : J'écrirai comme on me l'a appris : cela peut être une décision.
- Le crapaud : Je serai un écrivain marginal : cela peut être une conclusion.
- Le prince blessé : Je n'ai pas le droit de développer mon talent d'écrivain : cela peut être une confusion.

Pouvons-nous changer ? En quoi cela consiste-t-il ?

Changer, c'est ne plus se sentir mal au point de tirer et de répéter des conclusions scénariques.

Le travail de changement du Prince blessé est un travail de déconfusion qui permet de se ressourcer à ses désirs et valeurs, de sortir de la blessure et de la honte. Pour sortir de la blessure, il faut donc sortir de la confusion.

Cette démarche de changement intérieur est la condition nécessaire qui nous permettra d'apporter le meilleur de nous-même pour transformer le monde de façon positive.

Il est temps maintenant que je vous propose de vous accompagner à la recherche de votre propre complexité identitaire afin d'être plus souple, plus complet et donc plus adaptable.

Exercices sur l'identité

Quelle est la méthode qui va nous permettre de savoir comment développer notre identité, être plus souple, ne pas répéter des situations limitantes ?

Dans ma pratique auprès des dirigeants, après avoir fait un détour par Montaigne, Jung et Berne, à travers des citations qui constituent un point de départ pour une réflexion collective, pour expliquer le processus identitaire, j'ai recours en effet à différentes approches dans le cadre de la psychologie humaniste.

Voici trois outils pour clarifier votre identité, les désirs qui structurent votre vie et votre capacité à être plus complet : le schéma d'identité, les niveaux logiques de changement et le dialogue de polarités.

Le schéma d'identité

Pour renseigner le Prince, le crapaud et le héros de fer-blanc, je vous propose de répondre aux questions suivantes :

Quel était votre rêve d'enfant, vos aspirations et décisions enfantines, les mythes dont vous êtes porteur ? Quelles sont les qualités qu'ils révèlent ?

....

....

....

Quelles sont vos réussites ? Qu'est-ce qui vous donne de l'énergie pour aller au bout ? Qu'est-ce qui vous décourage ? Quelles répétitions de votre parcours ont un sens pour vous ? Êtes-vous en paix avec votre histoire ?

....

....

....

Quel leader êtes-vous ? Conscient de soi, régulateur, stratège, créatif ? Comment faire mieux valoir vos talents dans votre fonction ? Qu'est-ce que vous aimeriez que l'on dise de vous ?

....

....

....

....

....

Comment professionnaliser votre action sans trahir ce que vous êtes ? Quelles sont les caractéristiques qui font de vous un futur homme-clé de l'entreprise ?

....

....

....

....

....

Les niveaux logiques de changement et d'adaptation

La pyramide des niveaux logiques a été élaborée par Robert Dilts, d'après les travaux de l'anthropologue Grégory Bateson.

Cet outil est précieux pour dynamiser un projet, pour démontrer que nous nous adaptons en permanence à notre environnement, en puisant dans notre identité profonde et en alignant les niveaux logiques qui vont de la réalité environnementale au sens que nous voulons donner à notre vie.

Pour nous adapter à notre environnement, nous mettons en place des comportements et activités. Pour accomplir notre action, nous faisons appel à nos capacités et stratégies. Ce qui nous pousse à agir, c'est une motivation profonde, des croyances et des valeurs. Nous nous reconnaissons dans notre identité. Notre projet de vie donne un sens à nos vies. Nous nous sentons appartenir à un groupe plus large dans lequel nous avons un impact sur le monde.

Voici donc quelques questions à vous poser, pour puiser dans votre identité profonde et vous adapter à la réalité.

- **Niveau 1** : Dans quel environnement êtes-vous ? Où et quand allez-vous réaliser cet objectif ?
- **Niveau 2** : Quels sont les comportements ou les actions que vous mettez en œuvre ? Que faites-vous pour atteindre votre objectif ?
- **Niveau 3** : Quelles sont les compétences, les capacités, les ressources, les stratégies que vous utilisez ? Comment vous y prenez-vous ?
- **Niveau 4** : Quelles sont les croyances qui vous habitent ? Pourquoi faites-vous cela ? Pourquoi voulez-vous atteindre cet objectif ? Quelles sont les valeurs que cela traduit ? Qu'est-ce qui sera important pour vous lorsque vous atteindrez votre objectif ?
- **Niveau 5** : Qui êtes-vous ? Est-ce que cela vous ressemble ? Est-ce que cela vous correspond ? Avec qui voulez-vous atteindre cet objectif ? À quel groupe plus large appartenez-vous ?
- **Niveau 6** : Est-ce que cela s'inscrit dans votre projet de vie ? Quel sens cela donne-t-il à votre vie ? Quel impact cet objectif va-t-il avoir sur les autres, sur le monde ?

Schéma n° 3
sur les niveaux logiques de changement
issu de la psychologie systémique

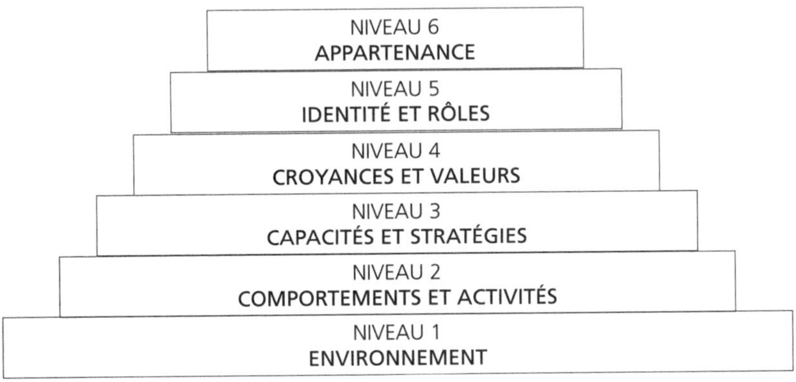

Cette pyramide de niveaux logiques de changement et d'adaptation nous permet de distinguer clairement les différents niveaux. En effet, il arrive fréquemment que les personnes les confondent et se méconnaissent sur elles-mêmes. Prenons un exemple : « Je suis incapable de parler en public. » Ici, nous entendons bien que la personne fait une méconnaissance en s'identifiant à une incapacité. Et ce faisant, elle blesse son identité.

Le dialogue de polarités

Et pour aller plus loin dans l'appréhension des contradictions qui donnent une épaisseur à notre identité, voici un outil précieux pour intégrer les tendances de base dans une harmonie supérieure. Il permet d'établir l'harmonie dans un conflit de valeurs. Car très souvent, nous sommes pris dans une ambivalence de base. En effet l'ambivalence vient du fait que nos désirs sont contradictoires puisque notre pôle conscient met en place des mécanismes de défense devant les pulsions de notre pôle inconscient. Par exemple, s'opposent en nous la tendance à la prudence et celle à l'audace, ce qui nous laisse indécis.

Voici quelques questions à vous poser pour élaborer ce dialogue de polarités en vous :

- Identifiez les parties opposées qui vous habitent. Par exemple je veux progresser dans ma carrière et rester une bonne mère pour mes enfants. Que veulent ces deux parties de vous-même ? En quoi est-ce important pour elles ?
- Personnifiez les parties par un symbole.
- Demandez aux parties de venir chacune sur une de vos mains.
- Séparer la fonction positive du comportement et remonter la hiérarchie des valeurs de chaque partie pour trouver la valeur commune. Quelle serait la ressource possédée par chaque partie qui serait utile à l'autre pour être plus efficace ?
- Attirer l'attention sur chacune des parties en leur montrant qu'elles poursuivent le même but, qui est votre développement. Demandez aux parties comment elles veulent réaliser une intégration, se fondre en une troisième ou collaborer ensemble, pour vous apaiser et vous faire progresser.

Pour illustrer le dialogue de polarités, je vous propose de jouer au jeu du blason :

Je vous invite à choisir un animal qui vous ressemble.

Nous savons que l'animal représente une pulsion de vie. Quel animal choisiriez-vous pour l'apposer sur votre blason. Allez-vous choisir un écureuil comme Fouquet ou une couleuvre comme Colbert ?

Nous savons aussi qu'un blason représente un symbole identitaire qui permet d'exprimer nos valeurs passées et à venir et de les partager avec d'autres comme un signe de ralliement.

....

Je vous invite, à décrire votre animal préféré en quelques lignes : Où vit-il ? Comment se comporte-t-il ? Quels sont ses qualités et ses défauts ? Quelles sont ses valeurs et sa vision du monde ? Sentez-le vivre, quel type d'énergie dégage-t-il ? Quel est son rôle, sa mission dans ce monde ?

Par exemple : *Je suis une panthère noire bondissant sur le sable doré par le soleil de la savane, je vis dans une terre chaude nommée jungle et je me comporte avec indépendance et sens collectif. Les autres animaux de la jungle me craignent car je suis capable d'atteindre mes buts avec passion et détermination. Pourtant je suis à la fois douce comme ma fourrure et dure comme mes griffes. Mes valeurs reposent sur l'esthétisme et l'efficacité. Je ne comprends pas moi-même ma nature ambivalente, j'alterne entre puissance et renoncement. En vérité, je suis Bagheera et ma mission dans ce monde est d'aider Mowgli à devenir un homme…*

Prenez dix minutes pour écrire cette description.

....

....

....

....

Je vous invite maintenant à choisir un animal qui représente son opposé. ....

Décrivez-le, son environnement, son comportement, ses capacités, ses croyances, son identité et sa mission.

Par exemple : *Je suis un cygne blanc glissant sur un lac d'azur, glacé par la pâle lueur de la lune, blanc comme la pureté. Je vais fièrement sur l'eau des lacs, comme si j'étais détachée de la vie et des émotions. Jamais je n'ai pleuré, jamais je n'ai ri.*

J'aspire à l'absolu... Je règne mais je suis seul. Pourtant mon chant au moment de mourir exprime ma profonde émotion de retrouver un monde de vérité qui m'arrache à ce monde d'apparence.

Prenez dix minutes pour écrire cette description.

....

....

....

....

Je vous propose maintenant d'explorer les qualités et les défauts, les mérites et les limites de vos deux animaux « totem », pour amplifier ce travail. Puis d'imaginer un dialogue intérieur entre vos deux animaux totémiques par interpellation directe.

Pourquoi ? Pour prendre du recul, identifier une problématique, sortir du moi opérationnel, qui ne prend pas de risque et réintégrer une sous-personnalité reniée, qui ne correspond pas à notre éducation, qui s'exprime quand nous perdons le contrôle. Ce dialogue intérieur permet en effet de faire émerger une personnalité plus complète, alliance de deux aspects complémentaires. Car l'antagonisme crée de la vie quand il s'exprime et que le dialogue est possible. Et pourtant nous avons compris maintenant que l'impact que nous avons sur le monde peut être amélioré par l'acceptation du contraire en soi.

....

....

....

....

Pour finir, soulignez la qualité principale de l'animal renié et le défaut principal de l'animal préféré. Puis engagez un dialogue sur ce qu'ils se reprochent, ce qu'ils s'apportent, ce qu'ils ont envie de faire ensemble. **Quels messages et demandes s'adressent-ils ?**

Par exemple : *Ma panthère noire est impliquée et mon cygne blanc solitaire mais ma panthère est également explosive et mon cygne maître de lui-même. La panthère lui reproche sa froideur et le cygne, son interventionnisme. Ensemble ils forment un tandem pour éclairer la vie relationnelle, l'une apportant la fougue, l'autre le retrait. Le cygne demande à la panthère de prendre de la distance et la panthère lui demande d'exprimer ses sentiments.*

Cela m'incite à trouver un chemin du milieu entre ces deux pôles contraires au lieu de me replier quand la situation ne me satisfait pas. Ma devise pourrait être : « Ni dans le monde, ni hors du monde ».

....

....

....

....

Il est intéressant de prolonger cette approche des polarités par un travail sur la communication.

- Quelles sont vos quatre qualités dominantes en matière de communication ?
- Quels seraient les contraires ?
- Qu'est-ce que ces contraires vous apprennent sur vous-même pour équilibrer et enrichir votre communication ?

À présent, enrichissons-nous de la lecture d'un cas de dirigeant opérationnel en voyage à la recherche de la fidélité à son identité.

Étude de cas : une situation managériale

Monsieur C souhaite clarifier son positionnement, son piège préféré, sa pente naturelle pour retrouver son énergie et son talent, en étant plus complet.

Je lui propose de l'accompagner à travers un voyage basé sur un questionnement pour élaborer ses besoins de réalisation personnelle, au service de la construction de son identité, afin d'harmoniser parcours et aspirations.

Je l'invite à me répondre avec la sincérité de l'Enfant en lui. Et l'assure qu'il n'y aura aucun jugement de ma part mais la seule volonté de comprendre ce qui l'anime.

Quel était votre rêve d'enfant ?

Mon rêve d'enfant était, à l'image de l'idée que j'avais de mon père, d'avoir une petite famille, de travailler avec autonomie et contact, de me déplacer souvent. Cela représentait pour moi la liberté dont j'avais besoin.

Dans mes réussites professionnelles, je ressentais également cette liberté à travers de nombreux contacts et déplacements.
Dans mes non-réussites professionnelles, je ne me sentais pas à ma place, j'avais un sentiment d'inutilité et de manque de maîtrise de la situation.
Dans mon projet, pour réussir, je dois me préparer, pas seulement au niveau du contenu mais aussi au niveau de ma posture. C'est ce que je fais en sport quand je suis bon, sinon je suis très mauvais, il n'y a pas de demi-mesure chez moi.

Je vous propose de jouer comme un enfant le ferait, quel animal dessineriez-vous sur votre blason ?
Sur mon blason je mettrais un taureau, symbole de liberté et de force tranquille, sachant se défendre.
Je ne mettrai pas une fourmi, qui symbolise pour moi, l'absence de liberté individuelle, l'enrôlement dans le collectif, la vulnérabilité et l'absence de créativité.
Pourtant le taureau peut aussi être belliqueux et la fourmi manifester une intelligence de l'organisation.
Le taureau reproche à la fourmi : tu travailles sans cesse sans prendre le temps de vivre, au moindre coup de pied tu disparais… Tu es puissant mais tu ne vivras pas aussi longtemps que moi, répond la fourmi… Je préfère mourir au combat en plein soleil que trimer sous terre, hurle le taureau…
Tu devrais réfléchir au sens de ta vie, tu te prélasses dans un pré alors que tu es destiné aux arènes et à la boucherie, dit doucement la fourmi…
Ensemble ils décident de cesser leurs reproches et de s'associer : je pourrai prospecter pour toi pour alléger ton travail, dit le taureau, je pourrai te montrer comment construire une famille pour vivre plus longtemps, dit la fourmi…

Ce couple taureau-fourmi représente votre totalité psychique, le taureau exprime l'image que vous voulez donner de vous et la fourmi ce que votre éducation vous a demandé de refouler.
En retrouvant l'énergie de la fourmi, vous pouvez enrichir votre personnalité de qualités contraires et complémentaires.
Quand tout va bien vous pouvez être à la fois libre et discipliné, sinon votre héros de fer-blanc vous conduit à aller au combat sans préparation ou votre crapaud à trimer sans relâche…

Quelle serait la devise qui pourrait guider votre vie ?
Me préparer pour combattre l'esprit libre.

- ***Que retenez-vous de cette séance ?***
À chaque fois que je deviens responsable d'un nouveau projet, j'ai une fâcheuse tendance à trimer comme une fourmi et à perdre mon sens des priorités, je corrige sur la durée mais j'ai toujours six mois douloureux. Je dois rester vigilant pour équilibrer liberté et organisation.
Je vais être attentif au message contraignant « dépêche toi » que je partage avec ma fille.
À travers ce coaching, j'ouvre des portes progressivement...

Après avoir lu ce cas, je vous propose de revenir à votre propre questionnement, enrichi par la réflexion d'un autre.

Notes personnelles : ma personnalité

Quelle est ma personnalité en trois mots ?

.........................., ... et ....

Quels sont mes atouts ?

....

....

....

Quelles sont mes limites ? Comment assouplir les croyances sur lesquelles elles reposent ? Comment relativiser mes blessures et sentiment de honte ?

....

....

....

Quel est mon axe d'évolution pour être plus créatif ?

....

....

....

Que serait un véritable ami pour me rendre meilleur ?

....

....

....

En résumé

Une troisième clé pour réussir dans un monde incertain consiste à apprivoiser le contraire de soi, à ne pas se contenter d'une seule identité pour développer créativité, courage et cohérence et ainsi devenir ce que nous sommes.

Être complet, c'est donc prendre conscience que nous sommes plusieurs à l'intérieur de nous-même, que nous sommes un concert de voix acceptées ou réprimées et que l'équilibre avec soi et avec l'autre passe par cette acceptation de notre part d'ombre. L'équilibre entre les pôles contraires, notamment masculin et féminin, qui nous habitent, est donc une richesse permettant de passer souplement d'un pôle de nous-même à un autre et faisant que le dialogue avec l'autre est également plus fluide. Michelet disait « je cherche à avoir les deux sexes de l'esprit en moi ».

- Quels sont les valeurs du Parent en moi et les désirs de l'Enfant en moi ?
- Comment réintégrer une sous-personnalité reniée qui me rendrait plus efficace ?
- Suis-je en paix avec mon histoire ? Comment dépasser blessure et sentiment de honte ?
- Quelles répétitions de mon parcours ont un sens pour moi ?
- Quel leader suis-je ? Comment professionnaliser mon action sans trahir qui je suis ?

II

RÉUSSIR DANS UN MONDE INCERTAIN, C'EST INCLURE SES ÉQUIPIERS

Au cours de la première partie, se centrant sur soi, nous avons vu l'importance de clarifier ses valeurs, ses priorités et son identité.

Dans cette deuxième partie, je vous propose de comprendre pourquoi vous ne réussirez pas seul et d'apprendre comment vous appuyer sur d'autres pour « réussir dans un monde incertain ».

En effet, face à l'incertitude externe et interne, l'intelligence émotionnelle, la régulation des émotions négatives et la capacité à élaborer des contrats relationnels sont de précieux alliés.

C'est pourquoi dans ce contexte mouvant, il est important d'élaborer des compromis pour sortir de l'isolement anxiogène.

C'est ainsi que : « La véritable générosité, c'est de tout donner au présent », nous dit **Camus**, dans *Noces* (1939).

Clé 4

Développer son esprit de confrontation positive

Une quatrième clé pour réussir dans un monde incertain consiste à développer son esprit de confrontation positive, de confiance, de coopération et de négociation où chacun a des marges de manœuvre et d'influence positive.

En effet, face à l'incertitude externe et interne, l'intelligence relationnelle qui est également l'intelligence des situations, la capacité à transformer les obstacles en opportunités en dépassant les blocages, sont nos premiers alliés pour développer notre sécurité relationnelle.

C'est pourquoi, dans ce contexte mouvant, il est important de s'interroger sur ce que nous souhaitons, bien sûr, mais aussi sur ce que souhaite l'autre pour élaborer ensemble un accord et un compromis qui satisfassent les deux parties et sortir ainsi de l'isolement anxiogène.

Car, comme le souligne **Lao-tseu**, dans *Le Livre de la voie et de la vertu* : « Pour se libérer, il est important d'avoir des désirs constructifs », en effet, « il ne sert à rien de maudire les ténèbres, il suffit d'allumer sa petite lumière », nous dit-il aussi.

Sans ancrage dans ce qui constitue notre désir profond, mais aussi dans la connaissance de ce qui motive l'autre, pas de sécurité, ni interne, ni externe.

L'autocoaching, c'est-à-dire la distanciation par rapport à soi-même, va nous permettre ce quatrième voyage intérieur…

Définition : Qu'est-ce que l'esprit de négociation ?

Étymologiquement, le mot « négociation » vient du latin *negociato* et signifie « action de s'entremettre, de mettre entre ».

Dans la négociation, que faut-il « mettre entre » ?

L'idée est de mettre en avant la reconnaissance et l'estime de soi et de l'autre, en prenant en intégrant de l'espace, du temps, des valeurs et des finalités communes.

Négocier avec soi et avec l'autre, c'est reconnaître que chaque voix a droit de cité et que l'accord est le mode de relation le plus équilibré, et donc le plus juste, pour rester en lien tout en se sentant respecté.

Il s'agit de se comprendre tant au niveau du vocabulaire que des objectifs en mobilisant sa raison, d'écouter et de mettre entre soi et l'autre un projet commun.

Et si le différend persiste, mettre de l'espace et du temps est une bonne solution pour calmer les esprits.

Comment négocier ?

Dans la négociation, comment « mettre entre » ?

Comment accorder une place à la reconnaissance de l'autre alors que notre ego nous pousse à nous positionner en avant ?

Il s'agit de développer de façon équilibrée la capacité à donner mais aussi à recevoir, à imaginer et aussi à se détacher…

Négocier, c'est sortir de la toute-puissance, c'est trouver la meilleure option possible face à une situation où l'on ne peut pas tout obtenir de l'autre et où on ne peut pas non plus tout donner sans frustration majeure.

Négocier, c'est donc « mettre entre » deux personnes des protections, c'est-à-dire des règles, et des permissions, c'est-à-dire de la reconnaissance, à travers un contrat explicite permettant d'obtenir un résultat positif.

Négocier, c'est garder sa motivation tout en restant en lien

Être en lien est un besoin de l'esprit humain. Rester en lien, c'est donc prendre le risque d'une communication proprement humaine. Cela demande courage et humilité.

Cela reconnaît l'existence de l'autre, qui, comme nous, a des désirs et des peurs tant dans sa vie personnelle que dans sa vie professionnelle. Car c'est en s'appuyant sur le meilleur chez l'autre que l'on réveille le meilleur. C'est ce que l'on a appelé l'effet Pygmalion.

Cela nous permet également de sortir d'un isolement qui petit à petit devient anxiogène car il appauvrit notre banque personnelle de signes de reconnaissance.

Qu'est-ce qu'une communication humaine ?

Que nous apprennent les philosophes pour réussir dans un monde incertain, pour mener « une vie bonne », pour saisir l'importance du lien à l'autre et ainsi développer notre mission d'humain ?

Socrate a fait du dialogue le fondement de sa philosophie, de son amour de la sagesse. En effet, pour lui, engager le dialogue c'est quitter le terrain du faire pour s'engager sur le terrain de l'être, le terrain de la compréhension des valeurs de l'autre.

Pour **Aristote**, seule la relation à l'autre nous permet de développer notre humanité car c'est dans la confrontation que nous pouvons forger nos convictions de façon plus fraternelle. Il souligne ainsi que seul un véritable ami peut nous rendre meilleur.

Et René **Spitz**, psychologue alliant les courants humaniste et comportementaliste, célèbre pour sa théorie de l'hospitalisme, a soutenu que « seul le lien sauve de l'angoisse de solitude », car nous aspirons tous au fond de nous à retrouver une unité perdue et à sortir de la solitude. Les signes de reconnaissance inconditionnels positifs, tels que « je suis vraiment heureux de te voir », sont donc ceux qui fournissent le plus d'énergie.

Enfin Edgar **Morin** souligne que dans l'absence de lien, dans le rejet, dans l'isolement, dans l'humiliation la plus totale, la personne n'a plus aucun choix possible pour la guider dans la vie car plus aucune de ses valeurs n'est respectée. C'est à ce moment-là que le chaos arrive avec toute sa barbarie et ses conséquences négatives.

Quelle posture adopter pour résoudre les conflits ?

Quelle est l'origine des conflits qui distendent le lien et l'esprit de négociation ?

Quelle est cette tendance qui peut nous pousser à la barbarie ? C'est notre irrationnalité qui nous pousse à la division à travers des croyances archaïques : la peur des responsabilités, le besoin de donner des conseils, le besoin de se bagarrer, ou à travers des objectifs cachés et des doubles contraintes nous rendant indécis.

Quels sont les **rôles** que nous risquons d'adopter sans réflexion sur les enjeux du conflit ? Ils sont au nombre de trois : la victime-irresponsable qui a un besoin insatisfait de reconnaissance et une peur de ne pas être à la hauteur, le sauveur-interventionniste qui a un besoin insatisfait de tout arranger, le persécuteur-dévalorisateur qui a un besoin insatisfait de triompher.

Comment sortir du **conflit** ? Il s'agit d'éviter les comparaisons, de laisser parler, de ne pas humilier, et enfin de proposer un plan d'action explicite.

Quelles sont les **méthodes** ? Là encore trois méthodes dominent : « faire le disque rayé » en répétant les règles, « faire le sphinx » en écoutant, « faire l'édredon » en soulignant que nous avons bien entendu. Puis découper le problème, commencer par le désaccord le plus faible, et enfin savoir lâcher prise pour ne pas être la victime de nos représentations limitantes !

Qu'appelons-nous le triangle dramatique des relations dysfonctionnelles ?

Face à une situation stressante, toute position négative d'Enfant trop soumis ou trop rebelle, ou de Parent persécuteur ou sauveteur, excluant l'Adulte en nous, nous fait entrer dans le triangle dramatique et entrave notre autonomie.

Plus nous sommes attirés l'un vers l'autre de façon irrationnelle, plus cela révèle une problématique commune non résolue avec des moyens complémentaires de s'adapter et donc des rôles que nous prendrons naturellement dans la construction de la relation.

Pour ne pas se laisser enfermer dans le triangle dramatique, il s'agit de communiquer en adulte avec la CNV, communication non violente, méthode élaborée par le psychologue Marshall **Rosenberg** suivant quatre étapes :

Quelle est la démarche de la communication non violente ?

- donner les faits, en Adulte ;
- dire son ressenti, en Enfant libre positif, sans soumission ni rébellion ;
- exprimer son besoin et ses valeurs, en Parent positif, sans persécution ni sauvetage ;
- formuler une demande explicite, en Adulte.

Par exemple : tu es en retard, je suis en colère de t'avoir attendu, j'ai besoin de me sentir respecté, je te demande de faire l'effort d'arriver à l'heure comme je le fais pour toi.

Dans le meilleur des cas, en entreprise, la tradition de mise à distance de l'affectivité fait que l'on rappelle les faits et formule une injonction. En effet sans passer par l'expression de son propre besoin émotionnel, la demande se transforme en ordre et la communication ne passe pas.

Il est temps maintenant que je vous propose de vous accompagner à la recherche de vos propres capacités à élaborer des compromis pour développer une influence équilibrée.

Exercices sur la négociation

Quelle est la méthode qui va nous permettre de savoir comment instaurer un dialogue humain, en nous ouvrant à nos dimensions moins conscientes ?

Dans ma pratique auprès des dirigeants, je fais un détour par Socrate, Aristote, Spitz Rosenberg et Morin, à travers des citations qui constituent un point de départ pour une réflexion collective, puis j'explique les enjeux du dialogue et du lien, en ayant recours en effet à différentes approches issues de la psychologie humaniste.

Différents outils peuvent nous aider pour prendre conscience de notre positionnement préférentiel en situation de négociation : les 3P des Personnes, Processus, Problèmes, notre voyage du héros, notre perception de notre influence et notre schéma sur les positions de vies. En effet, négocier demande, en amont de toute posture, de savoir ce que l'on veut obtenir et ce que l'on veut éviter, et ensuite ce qui motive l'autre et ce qu'il craint.

Les 3P : Personne, Processus, Problème et les 7 compétences du négociateur

La posture du négociateur consiste à prendre en compte les 3P : les Personnes et leur irrationalité, le Processus, c'est-à-dire le cadre qui permettra de traiter le fond, et le Problème. Trop souvent on se focalise uniquement sur le problème.

Les causes d'échec de la négociation sont généralement :

- au niveau du problème : la mauvaise évaluation des forces en présence ;
- au niveau des personnes : la volonté inconsciente des parties de ne pas y arriver ;
- au niveau du processus : l'inattention liée à des éléments externes perturbateurs.

Pour approfondir le P de processus, on observe trois temps dans le cadre d'une négociation.

- **1er temps : affirmation de son objectif : le négociateur a un objectif précis, positif et possible**
  - Quel est votre objectif lors de l'entretien ? À court terme, à long terme ?
  - Comment exprimez-vous ou rappelez-vous votre objectif lors de l'entretien ?
  - Quels sont vos points forts et vos points faibles dans l'entretien ?
  - Quel va être votre comportement, votre ligne de conduite, votre stratégie dans l'entretien ?
  - Comment souhaitez-vous clore l'entretien ?
- **2e temps : écoute de l'objectif de l'autre : le négociateur perçoit les besoins de l'autre, comprend les normes et les comportements**
  - Quel est l'objectif de votre interlocuteur ?
  - Quels sont ses points forts et ses points faibles ?
  - Comment écoutez-vous ses arguments, qu'allez-vous retirer de cette écoute ?
  - Quels vont être les comportements, la ligne de conduite, la stratégie de votre interlocuteur, comment vous y préparer ?
  - Comment votre interlocuteur souhaite-t-il clore l'entretien ?
- **3e temps : dépassement du problème et prise de recul : le négociateur est confiant dans le fait qu'une solution est possible et sait ce qu'il fera s'il perd**
  - Quelles sont nos zones possibles d'accord ?
  - Comment évoquer les opportunités à long et moyen terme ?
  - Comment pouvez-vous gagner chacun et ensemble ?
  - Comment pouvez-vous voir cette situation positivement ?
  - Comment pouvez-vous ne pas perdre la face ? Comment pouvez-vous lâcher prise ?

Sur un plan psychologique, ces trois temps peuvent être analysés ainsi.

- **La première position est associée à soi-même : dans ce premier temps, il s'agit de montrer ses muscles :**
  Je vois ce que je vois, j'entends ce que j'entends, je pense ce que je pense et je ressens ce que je ressens. Je me rappelle que mon comportement a une intention positive.
- **La seconde position est dissociée de soi-même et associée à son interlocuteur : dans ce second temps, il s'agit de faire le sphinx :**
  Je vois à travers le regard de l'autre, j'entends ce qu'il entend, je ressens ce qu'il ressent, je me mets à sa place. Il est essentiel de faire cet exercice en comprenant l'intention positive de l'autre, même si la situation est conflictuelle.
- **La troisième position est dite métaposition, par rapport à soi et à l'autre : dans ce dernier temps, il s'agit de se montrer éclairé et conciliant tout en gardant sa motivation :**
  Je prends du recul, je m'observe comme si j'étais sur une scène de théâtre, je me dissocie de mes sentiments pour réfléchir clairement, je deviens un observateur éclairé. Je vois également la relation et je me demande ce que j'apprends de cet échange.
  « Si vous n'êtes pas prêt au compromis, vous ne pouvez vous engager dans un processus de négociation, mais le compromis ne doit pas affaiblir vos convictions », nous rappelle Nelson **Mandela**.

L'important est donc d'adapter son style de négociateur en affirmant ses besoins tout en comprenant les besoins de l'autre.

Pour approfondir le P de personne : Quelles sont les sept compétences du négociateur ?

- Il sait ce qu'il veut, il a un **objectif** précis, positif et possible, et a évalué ses marges de manœuvre.
- Il perçoit les intérêts sous-jacents et les besoins de l'autre.
- Il est convaincu qu'une solution est possible mais il peut imaginer le pire et élaborer différentes options pour construire un **plan B**.
- Il comprend les normes et les comportements.

- Il fait le vide, rend son esprit spacieux pour se sentir disponible. Il met du cœur dans son discours et soigne sa gestuelle.
- Il écoute activement, prend des notes, s'adapte à son interlocuteur, aide l'autre à ne pas perdre la face, sait conclure.

Il sait ce qu'il fera s'il perd...

Listez vos situations de négociation actuelles.

....

....

....

....

....

....

Puis faites un plan d'action en utilisant les sept compétences du négociateur pour dénouer les tensions par le dialogue et débloquer la situation.

....

....

....

....

....

....

....

....

....

....

....

....

Le voyage du héros

Dans un premier temps, imaginons que vous êtes un héros, au sens antique de ce terme, et que, à l'image d'Hercule, vous entreprenez un voyage, à travers différentes épreuves : Quel est votre voyage du héros ? Qu'est-ce qui vous anime, qu'est-ce qui vous aide, qu'est-ce qui vous entrave ?

La motivation

Qu'est-ce qui vous appelle ? Qu'est-ce qui vous a décidé à commencer le voyage ?

....

....

....

Les obstacles

Qu'est-ce qui vous barre la route ? Quel seuil vous faut-il franchir ? L'avez-vous franchi ? Quel nouvel espace s'ouvre à vous ? Qu'est-ce qui a radicalement changé ?

....

....

....

....

....

....

Les opportunités

Qui vous aide ou pourrait vous aider dans ce nouvel espace ? À qui pourriez-vous faire appel ? Quelles sont les nouvelles compétences utiles pour progresser sur ce nouveau territoire ?

....

....

....

....

....

....

La rencontre avec les peurs scénariques

Qu'est-ce qui vous fait peur ? Contre quoi devez-vous vous battre ? Qu'est-ce qui pourrait vous faire renoncer ?

....

....

....

....

....

....

La découverte du chemin d'évolution
Qu'avez-vous appris en traversant vos peurs ? Quel est le chemin qui s'ouvre devant vous ?

....

....

....

....

Le plan d'action
Qu'est-ce qui se dégage des réponses aux questions précédentes ? Quelles actions concrètes allez-vous entreprendre ?

....

....

....

....

La perception de l'influence

Dans un second temps, enrichi par l'élaboration de vos convictions profondes, je vous propose de vous questionner sur la nature de votre capacité à influencer vos proches ou à être influencé par eux, à travers les questions suivantes :

Quelle est votre perception de votre influence et de votre capacité à convaincre ?

....

....

....

Qu'apporte un leader à une organisation ?

....

....

....

Qu'est-ce qui, dans votre éducation, a favorisé ou entravé votre leadership ?

....

....

....

Comment évaluez-vous votre influence sur l'autre et celle de l'autre sur vous, sur une échelle de 1 à 10 dans la vie personnelle et dans la vie professionnelle ?

....

....

Comment vous comportez-vous lorsque vous réussissez à convaincre ou lorsque vous échouez ?

....

....

Quelles sont les croyances et les peurs à l'œuvre derrière vos comportements ?

....

....

Quels sont les avantages et inconvénients de vos comportements ?

....

....

Lorsque vous échouez, dans quel rôle du triangle dramatique êtes-vous ?

....

Qui occupe les autres positions ?

....

Pour quel bénéfice ?

....

Avez-vous déjà vécu ce jeu ?

....

....

Si vous ne faites rien, que va-t-il se produire ?

....

....

Qu'allez-vous faire pour quitter ce triangle dramatique ?

....

....

Les positions de vie

D'après l'Analyse transactionnelle, à travers nos relations, nous émettons un jugement existentiel sur nous-même et sur les autres correspondant à une perception de notre valeur et de celle de l'autre. Ce jugement définit notre position de vie.

On distingue quatre émotions primaires :

- l'attaque et la colère, causée par un jugement de valeur positif de soi (Je suis +) et un jugement de valeur négatif de l'autre (Tu es –) ;
- la fuite et la peur, causée par un jugement de valeur négatif de soi (Je suis –) et un jugement de valeur positif de l'autre (Tu es +) ;
- la dépression et la tristesse, causée par un jugement de valeur négatif de soi et de l'autre (Je suis – et Tu es –) ;
- le progrès et l'expression fluide de toutes les émotions et surtout de la joie de vivre, causée par un jugement de valeur positif de soi et de l'autre (Je suis + et Tu es +).

Ces émotions construisent quatre positions de vie, quatre choix de base possibles :

- position d'attaque ;
- position de fuite ;
- position dépressive ;
- position progressive.

Nous avons tous une position de vie dominante qui remonte à l'enfance, qui dépend des signes de reconnaissance échangés avec nos parents, et qui influencera notre contact avec nous-même et avec les autres.

On estime cependant que la peur est la première émotion que l'être humain expérimente à la sortie du paradis terrestre maternel et qui colorera les suivantes. Pour la philosophie chrétienne, qui met l'accent sur le péché originel à la base de l'angoisse existentielle, c'est la position existentielle de base d'Adam honteux d'avoir désobéi à Dieu.

Chaque position, poussée à son extrême, se termine mal. On dit qu'elle présente une IDS, c'est-à-dire une issue dramatique de scénario : +- : tuer, – + : se faire tuer, – : se tuer. Seule la position OK ++ ne comporte, suivant son sigle « 0 Killed », c'est-à-dire « aucun mort ».

Ces positions de vie peuvent être représentées sur le schéma suivant :

Schéma n° 4 sur les positions de vie
issu de l'Analyse transactionnelle

1 *: Position d'attaque : Je suis + Tu es –* Parent négatif Émotion : colère Comportement : attaque Trophée : esprit de décision Question fondamentale : suis-je compétent ? Besoin : réalisation de soi	***2*** *: Position progressive : Je suis + Tu es +* Adulte positif Toutes les émotions Comportement gagnant-gagnant On ne naît pas en ++ On acquiert cette position en se développant, en évoluant
3 *: Position dépressive : Je suis – Tu es –* Enfant libre passif Émotion : tristesse Comportement : isolement Trophée : dévouement Question fondamentale : suis-je accepté ? Besoin : appartenance à un groupe	***4*** *: Position de fuite : Je suis – Tu es +* Enfant soumis ou rebelle négatif Émotion : peur Comportement : fuite Trophée : créativité Question fondamentale : suis-je aimé ? Besoin : sécurité

L'axe vertical est un axe moral sur lequel on mesure l'estime que l'on se porte à soi-même.

L'axe horizontal est un axe social sur lequel on mesure l'estime que l'on porte à l'autre.

1. Dans le carré 1 en haut à gauche : Je suis +, tu es – : Sur le plan cognitif, je souhaite que l'autre s'en aille, sur le plan affectif je suis en colère. Ici, mon type de management sera autoritaire.
2. Dans le carré 2 en haut à droite : Je suis +, tu es + : sur le plan cognitif, je me sens responsable, sur le plan affectif, je ressens toutes les émotions de façon consciente et la sérénité domine. Ici, mon type de management sera charismatique.
3. Dans le carré 3 en bas à gauche : Je suis –, tu es – : sur le plan cognitif je me demande ou allez, sur le plan affectif je ressens de la tristesse et m'abstiens. Ici, mon type de management sera démissionnaire.

4. Dans le carré 4 en bas à droite : Je suis –, tu es + : sur le plan cognitif, je décide de me retirer, sur le plan affectif, j'ai peur et me suradapte. Ici, mon type de management sera de laisser faire.

Ces positions commencent dès la naissance et révèlent la blessure qui nous habite et qui peut, à tous moments, se transformer en perle.

- Dans un premier temps, déterminez quelle est votre position de vie en fonction du jugement de base que vous portez sur vous et sur les autres en général. Puis, reportez-vous à l'analyse correspondant à votre position de vie. Vous y trouverez vos tendances de base.
- Puis dans un second temps vous affinerez vos tendances de base suivant les types de situations rencontrées.

Les quatre positions de vie de base

1. Position de vie « Je suis + Tu es – »

Origine

Votre Enfant intérieur met en place cette position entre **6 mois et 18 mois.**

Comportement

Votre Enfant intérieur cherche à s'identifier, à modéliser le pouvoir de ses parents qui lui apparaissent comme tout-puissants.

Croyance

Votre Enfant s'est senti trahi par un parent, a décidé que plus jamais il ne serait blessé et pour cela il blesse à son tour.

Caractéristique

Votre Enfant intérieur a tendance à être dominant, à se **surestimer**, à se survaloriser, et à dévaloriser l'autre, à l'anéantir. N'oublions pas ce que Shakespeare nous rappelait : « Le chemin du pouvoir est semé de crimes. Malheur à celui qui vacille ! »

Plan d'action

Prenez conscience de votre dernière non-réussite pour regarder l'autre d'une manière plus positive, tout en vous rassurant sur votre valeur, pour développer votre esprit de décision.

2. Position de vie « Je suis + Tu es + »

Caractéristiques

Vous n'êtes pas né comme cela, vous avez résolu au fur et à mesure les problèmes, en faisant confiance à l'énergie qui vous habite et qui vous permet d'avoir une vie passionnante et une influence positive et charismatique.

Vous savez qu'humilier l'autre ou vous-même est la meilleure façon pour que les choses se terminent mal, à travers une revanche à plus ou moins longue échéance.

C'est pourquoi vous ne survalorisez ni dévalorisez ni l'autre ni vous-même ; l'estime que vous portez à l'autre et à vous-même est équilibrée. Vous cherchez à ce qu'il n'y ait aucun mort !

- Vous êtes **congruent, spontané, authentique.**
- Vous pouvez demander ce que vous ne savez pas.
- Vous reconnaissez vos limites et savez vivre vos émotions.
- Vous savez prendre soin de vous et faire plaisir aux autres.
- Une relation d'intimité et de confiance est possible avec vous.
- Vous êtes capable de dire oui ou non de façon objective.

3. Position de vie « Je suis – Tu es + »

Origine

Votre Enfant intérieur met en place cette position entre **3 et 6 ans.**

Comportement

Votre Enfant a le sentiment qu'il est reconnu et accepté uniquement quand il est malheureux.

Croyance

Pour vous, vos parents sont des modèles que vous ne pourrez jamais égaler, vos frères et sœurs également provoquent chez vous une attitude de démission.

Caractéristiques

Votre Enfant a tendance à se **dévaloriser** et à sur-valoriser l'autre, éprouve de l'admiration et la peur de ne pas être à la hauteur, il a tendance à se faire anéantir.

Plan d'action

Apprenez à vous valoriser, à repenser à une situation de réussite pour que vous vous ressourciez à votre énergie. Prenez conscience des limites d'autrui de façon à ne pas considérer l'autre comme sur-puissant. Ainsi vous pourrez vous mettre en colère et retrouvez votre énergie de résilience et de créativité.

4. Position de vie « Je suis – Tu es – »

Origine

Votre Enfant intérieur met en place cette position de vie entre **0 et 6 mois**.

Comportement

Votre Enfant intérieur peut être issu d'un couple désuni ou trop uni, d'une mère accablée par les responsabilités, ce qui vous conduit à vous cacher.

Croyance

Votre Enfant intérieur a tendance à se sentir être un fardeau pour ses proches.

Caractéristique

Votre Enfant intérieur est allergique à tous changements et s'efforce de ne **pas s'engager** pour se protéger d'une hypersensibilité, il a tendance à s'anéantir.

Plan d'action

Soyez doux avec vous-même, car vous faites déjà beaucoup d'efforts pour garder la tête hors de l'eau. Cette position dépressive renferme en elle-même les clés de la renaissance à soi-même, car c'est quand on touche le fond que l'on peut remonter à la surface, pour apporter soulagement de souffrance et dévouement.

Les différentes positions de vie
à travers les différentes situations vécues

Quels sont votre position naturelle, vos comportements, vos ressentis, vos croyances, à travers des situations précises et récentes, en ce qui concerne :

- – la prise de décision ;
- – l'attitude face à l'autorité ;
- – l'attitude face aux conflits ;
- – l'attitude face à la négociation.

Dans quelle position serez-vous si vous échouez ?

....

....

Dans quelle position serez-vous si vous réussissez ?

....

....

Que se passerait-il si vous acceptiez de reconnaître votre échec ?

....

....

Comment passer de la compétition à la coopération ?

....

....

Comment passer de la passivité à l'activité ?

....

....

Si vous abordez le problème en position gagnant-gagnant, vous allez...

....

....

À présent, enrichissons-nous de la lecture d'un cas de dirigeant opérationnel en voyage à la recherche de capacités à élaborer des compromis pour développer une influence équilibrée.

Étude de cas : une situation managériale

Monsieur D souhaite s'affirmer davantage dans une négociation.
Je lui propose de l'accompagner à travers un voyage basé sur un questionnement pour élaborer sa capacité d'affirmation, d'écoute et de négociation.
Je l'invite à me répondre avec l'exigence de l'Enfant en lui et l'assure qu'il n'y aura aucun jugement de ma part mais la seule volonté de comprendre ce qui l'anime.

Comment vous positionnez-vous en situation de négociation ?
Je conviens que si le plus souvent l'entreprise est contente de moi, moi je ne le suis pas. Je me sens souvent le moins calé et me mets en retrait pour ne pas m'exposer. Je me couche devant des experts même s'il s'avère plus tard qu'ils ont eu tort.
Je considère que le coaching sera réussi si je suis aussi à l'aise à l'oral qu'à l'écrit, si je sais prendre ma place en réunion sans crier et si je sais me faire écouter…

Racontez-moi une situation où vous avez montré votre force de conviction.
Bonnes nouvelles, je sors de mon entretien d'évaluation, j'ai rempli mes objectifs annuels négociés avec mon n + 1, objectifs qui consistaient en la mise en place d'une démarche service, à l'écoute des collectivités, pour proposer des offres. La difficulté était liée à la révolution culturelle qui consiste à proposer des services alors que nous sommes dans une culture technique de service public. Il fallait convaincre, faire adhérer, prendre une décision, mettre le projet en mouvement en mettant autour d'une table des techniciens pour les faire participer à une construction, leur montrer que l'effort demandé leur facilitera l'exercice de leur métier en fluidifiant leurs relations avec les différents acteurs.
Il fallait initier la démarche en 2009, j'ai réussi à embarquer 50 % des métiers, l'autre moitié ne s'est pas laissé convaincre pour des arbitrages de temps ou d'argent. L'objectif est d'embarquer tout le monde dans notre nouvelle culture d'entreprise ».

Comment définissez-vous votre capacité d'influence ?

Dans le cadre relationnel de ma vie personnelle, j'ai une influence sur les autres au-dessus de la moyenne.

J'ai une approche didactique car je me suis aperçu que cela n'est pas efficace d'imposer, convaincre est la seule méthode ayant des effets durables dans le temps.

C'est vrai, je pense que les gens manquent de recul, ont une paresse intellectuelle à changer, se satisfont d'un confort médiocre.

Je le fais pour leur bien. Si je ne le faisais pas, je m'en voudrai de manquer de courage et d'altruisme en les laissant dans une situation insatisfaisante.

L'avantage, c'est de me sentir en paix car utile. L'inconvénient est que mon impérialisme domestique soit mal perçu.

Par exemple lorsque mon fils a passé son bac, il était indécis sur la suite à donner à sa formation. J'ai analysé toutes les options et j'ai influencé son choix, il l'a suivi mais cela ne lui a pas plu. Je m'en suis voulu de lui avoir fait perdre son temps, j'ai éprouvé des regrets.

Je suis entré dans le triangle dramatique par la porte Sauveteur en analysant toutes les options, je suis devenu Persécuteur en imposant mon choix, puis Victime en regrettant de lui avoir fait perdre son temps.

J'ai appris que j'aurai dû écouter davantage, apporter les options et laisser le choix pour ne pas me sentir en perte de lien.

• Les autres m'influencent de façon moyenne.

C'est leur exemplarité qui m'influence.

En effet je considère que je n'ai pas la science infuse et que c'est intéressant d'apprendre.

L'avantage, c'est de me repositionner en rectifiant le tir. L'inconvénient est quand il y a impossibilité à suivre l'exemple.

Par exemple, mon grand-oncle, qui est l'ombre tutélaire de la famille et qui a réussi à partir de rien, m'a fasciné pour son esprit de résistance et son aptitude à entreprendre.

Cela fait que je me méfie a priori des idées admises par la majorité silencieuse, mais ce bel exemple pendant la guerre est impossible à suivre dans les conditions actuelles.

Je suis entré dans le triangle dramatique par la porte Sauveteur en étant fasciné par l'idéalisme, je suis devenu Persécuteur en me méfiant des idées admises, puis Victime en me complexant par rapport à lui.
J'ai appris que j'aurai dû, tout en m'appuyant sur mes valeurs et sur mes rêves, ré-interroger régulièrement le réel, pour cesser de me dire que je n'étais pas à la hauteur.

- ***Dans le cadre relationnel de ma vie professionnelle, j'ai une influence sur les autres au-dessus de la moyenne.***

J'apporte des idées nouvelles.
Car il faut conduire les gens à ouvrir les yeux, c'est trop facile de ne rien faire, je souhaite sortir de cette paresse qui ignore le réel.
L'avantage, c'est que je me sens bien dans cette posture d'éveilleur qui permet d'enclencher une dynamique de créativité. L'inconvénient, c'est qu'on s'expose, qu'on prend des coups et qu'on risque d'être dégommé.

- **Les autres m'influencent de façon en dessous de la moyenne.**

Dans la ligne hiérarchique, peu sont à l'écoute, alors je résiste car je crois aux valeurs repères pour ne pas perdre mon âme.
Par exemple, mon service a récupéré « les clients démunis », en situation de précarité. Mon directeur, qui ne trouvait pas cela terrible pour faire de la marge, voulait s'en débarrasser et m'a demandé de mettre en place une procédure dans ce sens.
J'ai refusé et je me suis entendu répondre « tu vas passer par la fenêtre » et je craignais de recevoir une lettre de décharge de fonctions. Alors je me suis attelé à rechercher les bons arguments sur le plan politique et stratégique et cela a marché.
J'ai appris que l'on est gagnant à s'accrocher à ses valeurs, cela clarifie l'esprit pour donner une image positive de son service et construire une proposition qualitative.
J'ai appris aussi qu'il fallait s'appuyer sur les arguments des autres pour favoriser l'adhésion. Rien n'empêche d'être malin si on ne déroge pas ».

Quelles sont vos forces et limites de négociateur ?
Mes forces en négociation sont la logique et la rapidité de compréhension. Mes limites sont liées au fait que je peux être en excès sur ces modes.

Pour moi l'affirmation de soi est certainement plus facile que l'écoute. Je n'écoute plus quand c'est trop irrationnel, ou quand cela ne va pas assez vite, ou encore quand je sens que je perds mon temps car l'autre n'a pas assez préparé.

J'ai deux peurs, que cela ne soit pas rationnel, et que face à l'irrationnel, je le dénonce avec moquerie. Je peux être très froid pour me défendre. Au travail, je crois que l'on doit mettre ses sentiments à l'écart.

J'ai peur aussi de dévoiler ce qui est caché, dans ma famille on avait le culte du secret, à la mort de mes parents, nous avons appris des secrets, il y avait un danger imaginaire à les révéler.

Mon plus gros risque est de me mettre en retrait par peur de faire perdre la face à l'autre. Quelque chose me contraint. Il faut que j'apprenne à exprimer mon ressenti calmement et avec bienveillance.

Que retenez-vous de cette séance ?

Je retiens que si le plus souvent je suis dans une position de vie progressive d'estime réciproque, j'ai une tendance naturelle dépressive, surtout face à une autorité qui ne donne pas de sens, et un risque d'isolement, que je combats parfois en mettant une pression sur l'autre lors d'un conflit.

Je retiens aussi ma porte d'entrée relationnelle et ma tendance naturelle Sauveteur du monde et les regrets qui me plombent et obscurcissent l'avenir.

Je prends conscience que je dois me méfier de mes emballements, de mes sabotages qui consistent à partir en croisade. Le risque est dans notre culture consensuelle, d'être avec des gens qui ne m'arrêtent pas à temps. Je dois aussi être plus tolérant et me dire que les gens ont droit à leur petit compromis et à leur petite médiocrité, au fond personne n'a jamais ni toujours totalement tort ou raison.

Il y a des choses que je devine mieux en moi. Ce coaching m'aide et renforce ma confiance en moi.

Après avoir lu ce cas, je vous propose de revenir à votre propre questionnement, enrichi par la réflexion d'un autre.

Notes personnelles : mes compétences de négociateur

Quels sont mes objectifs de vie ? Quelles sont mes peurs ?

....

....

....

....

....

Quelle est la position que j'adopte le plus souvent dans ma vie relationnelle en trois mots ?

........................., ... et ....

En cas de difficulté, quel est mon rôle dominant dans le triangle dramatique ?

....

....

....

....

....

Dois-je améliorer mon écoute ou mon affirmation, mon aspect yin ou yang ?...

....

....

....

....

....

Quelles méthodes utiliser pour développer mon influence et ma capacité à négocier ?

....

....

....

....

....

En résumé

Une quatrième clé pour réussir dans un monde incertain consiste à développer son esprit de confiance, de coopération, de négociation, de confrontation positive où chacun se sent respecté et s'accorde des marges de manœuvre et d'influence positive.

Être en lien, c'est prendre le risque d'une communication proprement humaine. Cela demande courage et humilité. Cela nécessite de connaître ses objectifs de vie et de reconnaître l'existence de l'autre qui, comme nous, a des désirs et des peurs tant dans sa vie personnelle que professionnelle. Car c'est en s'appuyant sur le meilleur chez l'autre que l'on réveille le meilleur. C'est ce que l'on appelle l'effet Pygmalion.

Rappelons-nous les compétences du négociateur :

- il sait ce qu'il veut, il a un objectif précis, positif et possible, en évaluant ses marges de manœuvre ;
- il perçoit les intérêts sous-jacents et les besoins de l'autre ;
- il a confiance qu'une solution est possible mais il peut imaginer le pire et élaborer différentes options pour construire un plan B ;
- il comprend les normes et les comportements ;
- il fait le vide, rend son esprit spacieux pour se sentir disponible. Il met du cœur dans son discours et soigne sa gestuelle ;
- il écoute activement, prend des notes, s'adapte à son interlocuteur, aide l'autre à ne pas perdre la face, sait conclure ;
- il sait ce qu'il fera s'il perd.

Clé 5

Développer son autonomie en gérant ses émotions négatives

Une cinquième clé pour réussir dans un monde incertain consiste à développer son autonomie face au regard de l'autre, en gérant ses émotions négatives pour ne pas se mettre en situation de dépendance, et à résister aux menaces pour durer.

En effet, face à l'incertitude externe et interne, la capacité à résister, l'assertivité, l'autonomie, (au sens étymologique : l'action selon ses propres convictions), l'autorité (étymologiquement : être auteur de ses actes), sont nos seconds alliés pour développer notre sécurité relationnelle.

C'est pourquoi, dans ce contexte mouvant, il est important de cultiver cette stabilité interne et externe en élaborant des règles explicites pour réguler les émotions négatives.

Car, comme le souligne le diplomate Nicolas **Machiavel**, en 1532, dans *Le Prince*, il s'agit de faire preuve de Virtù, de volonté pour s'adapter aux aléas de la Fortuna, de la nécessité : « Le devoir d'un prince est de résoudre les questions avant que les émotions des sujets ne les aient rendues insolubles ».

Sans ancrage dans ce qui constitue une charte de bonne conduite comportementale, une acceptation de la peur ou de la colère sans dévier de son chemin, pas de sécurité, ni interne, ni externe.

L'autocoaching, c'est-à-dire la distanciation par rapport à soi-même, va nous permettre ce cinquième voyage intérieur...

Définition : Qu'est-ce qu'une émotion ?

Étymologiquement, émotion vient du latin « *motere* » et signifie « *qui met en mouvement* ».

Tout part donc des émotions qui conduisent vers la motivation, la démotivation, le stress, la dispersion, le repli ou l'absence de communication... Il s'agit de reconnaître notre violence intérieure pour la transformer en énergie positive et ainsi ne pas dévier de notre chemin. C'est ainsi que l'entreprise est dominée par l'émotion à force de la nier. Dès lors le rôle du leader est de positiver les émotions et l'énergie pour avancer ensemble vers un but commun qui apporte un progrès.

Quelles sont les stratégies émotionnelles ?

L'émotion s'élève à la rencontre de deux êtres suivant leurs habitudes de réagir, leurs stratégies personnelles. C'est ainsi, suivant leur dominante comportementale, que certaines personnes se mettent dans l'insécurité et que la peur les habite de façon dominante. D'autres personnes se situent dans l'envie et c'est alors le désir qui les hante. D'autres encore se posent en opposition systématique et vivent l'émotion de colère de manière répétitive. Certaines personnes se mettent naturellement en comparaison avec chaque autre personne qui se trouve sur leur chemin : c'est la jalousie qui les anime. Certaines enfin se mettent systématiquement au-dessus des autres : ils sont motivés par l'orgueil.

Que nous apprennent les philosophes pour réussir dans un monde incertain, pour mener une « vie bonne » et lâcher prise face aux émotions négatives ?

Sénèque, fondateur de l'école stoïcienne et précepteur des empereurs Tibère, Caligula, Claude et Néron, a expliqué dans ses *Lettres à Lucilius* qu'il s'agit de développer sa volonté pour supporter ce qui ne dépend pas de nous et ainsi apprendre le lâcher-prise.

Comment ? En connaissant ses aspirations pour examiner le chemin qui nous y conduira et en nous dégageant de l'imitation de l'opinion publique.

Pour **Épicure**, qui réunissait ses élèves dans son jardin, et écrivit différentes lettres et notamment les *Lettres à Hérodote*, il s'agit de ne pas être en état de dépendance, en supprimant la douleur venant du manque et ainsi en éloignant la peur du dénuement.

Comment ? En éclairant par sa raison ses désirs irrationnels.

Quelles sont les émotions dominantes ?

Pour la **psychologie bouddhiste**, il existe cinq émotions dominantes : la confusion, le désir, la colère, l'orgueil et la jalousie.

À l'origine comme à la fin, partout est la peur accompagnée de déni de réalité et de confusion.

Elle nous accompagne depuis la sortie du paradis du ventre maternel, peur de l'avenir, de ne pas être à la hauteur, de l'isolement, de l'étouffement, du changement… Peur poison qui devient énergie si elle est reconnue et transformée en intrépidité, en audace.

Le remède est de se soutenir en posant un cadre de sécurité pour s'entraîner à la traverser avec audace et clarté. Quand, dans une équipe, les équipiers transforment la peur en soutien, il y a un gain d'énergie considérable.

De la peur naissent deux émotions d'attraction et de répulsion, le désir et la colère.

Elles sont issues de notre cerveau reptilien, deux émotions qui culturellement sont plus attachées au féminin dit hystérique et au masculin dit obsessionnel.

Le désir, ou complexe de Tantale, qui n'avait pas le bras assez long pour atteindre les mets délicieux qu'il pouvait voir, est un poison s'il génère de l'insatisfaction par demande de toujours autre chose pour soi.

Cette insatisfaction vient de l'ambivalence entre notre conscient et notre inconscient. La prise de conscience de notre ambivalence constitue un progrès dans le développement de la personnalité par rapport à la fusion-confusion de la peur.

Le remède est de vivre dans la générosité, qui consiste à tout donner au moment présent afin de passer de la frustration au don. Il s'agit d'être présent ici et maintenant. Un leader travaille dans le présent, dans l'attention à tous, dans l'estime et le respect mutuels. Un collaborateur motivé n'est pas dans l'attente mais développe une force de proposition. C'est cette posture qui permet d'atteindre un objectif précis, positif et possible, élaboré à travers un contrat collectif.

La colère est un poison si nous en sommes le jouet. Le remède est de développer l'esprit de négociation pour clarifier et mettre en place des compromis, pour accepter le réel sans subir en posant les limites avec respect.

La colère se transforme par la compassion, d'abord envers soi-même, car le compromis le plus difficile à élaborer est avec les différentes parties qui nous composent.

Quand nous avons accepté intellectuellement le compromis, il reste la partie la plus complexe à aborder, l'acceptation émotionnelle et c'est là qu'entre en jeu le compromis avec soi-même. « Dès que vous vous trouvez dans une attitude positive, vous oubliez votre colère », nous dit Nelson **Mandela**.

Du désir et de la colère, naissent deux autres émotions, l'orgueil par sentiment de supériorité et la jalousie par sentiment d'infériorité.

Ces émotions sont issues de notre cerveau limbique, deux émotions qui culturellement sont plus en lien avec le « masculin dit phallique » et le « féminin dit castré » mais qui se partagent dans la réalité masculine et féminine. Ce sont deux poisons majeurs des équipes, extrêmement coûteux en énergie.

L'orgueil, ou complexe de Narcisse qui, fasciné par son image, ne pouvait aimer la nymphe Écho, cette dernière l'appelant sans se faire entendre, est un poison qui entraîne une méconnaissance sur soi-même.

La transformation permet de valoriser ses collaborateurs, de développer les fiertés mutuelles, de cesser d'être dans l'ignorance qui fait croire que l'on est d'une nature différente de celle des autres humains, afin d'exercer un pouvoir mature, c'est-à-dire sans menace pour l'autre. Un orgueil positif est nécessaire à la performance et à la réussite.

La jalousie, ou complexe de Caïn, qui pensait que son frère Abel était le préféré et qui ne pouvait le supporter, est un poison qui empêche de vivre sa vie.

La transformation permet de décider de ne plus se comparer pour agir et surtout de se réjouir du talent de l'autre, posture qui permettra peut-être de semer la graine du même talent à l'intérieur de soi et de développer son intelligence sociale pour trouver sa juste place.

Cela est possible car la jalousie contient le germe de l'imitation et donc de l'empathie.

Pour la psychologie bouddhiste, il existe quatre vérités :

- La vie est alternance de **tension** et de détente, de confusion et de clarté.
- L'origine de la tension et de la confusion, c'est le **blocage de nos esprits**.
- Cette tension et cette confusion peuvent cesser si l'on dépasse nos **fixations**.
- Le chemin pour que la tension et la confusion cessent est **d'entrer dans une voie médiane** qui intègre les deux points de vue et qui donne une épaisseur pour résister aux menaces. Ainsi on passe de la confusion à la connivence et à la conscience en déployant une pensée juste, un cœur juste et une parole juste.

Pour cela, toujours dans le même cadre de référence bouddhiste, il faut garder en mémoire les quatre rappels :

- La vie est **précieuse** : tout peut s'arrêter si soudainement.
- La vérité est l'**impermanence** : la vie est courte et éphémère, sa durée est imprévisible. Vivre toujours comme si c'était sa dernière journée de vie éloigne des certitudes qui nous figent.
- La loi de la vie est la **loi de cause à effet**, le *karma* : toute action a une conséquence, il nous appartient de décider ce que nous voulons faire de notre vie.

– Il est vain de continuer à errer et à nous agiter dans l'illusion de nos représentations, le *samsara* : il ne tient qu'à nous de **cesser de reproduire nos schémas négatifs** de comportement.

Comment vivre avec autonomie ces quatre vérités et ces quatre rappels ?

La gestion des émotions négatives permet de développer son autonomie.

D'après Catherine **Symor**, le cycle de l'autonomie retrace l'évolution de l'individu en quatre étapes, quatre étapes qui se rejoueront à chaque fois que celui-ci démarrera un projet. Ces quatre étapes sont la dépendance, la contre-dépendance, l'indépendance et l'interdépendance. Elles posent la problématique de la peur, de la colère et de la tristesse.

Nous l'avons vu, dans le premier chapitre sur les valeurs, l'état du moi où siègent les émotions est l'état Enfant.

La dépendance renvoie à l'énergie de l'Enfant Adapté Soumis où le père, le chef, le coach a raison. Est-ce cohérent par rapport aux compétences de la personne coachée ?

Le père, le chef, le coach, doivent stimuler l'Adulte de la personne qui s'exprime à travers ses compétences, en donnant des permissions à l'Enfant intérieur, en le protégeant de la honte et de la peur. La personne coachée prend conscience qu'il n'y a pas qu'une façon de vivre et progressivement gagne le droit de dire non.

La contre-dépendance renvoie à l'énergie de l'Enfant Adapté Rebelle où le père, le chef, le coach est un imbécile. Est-ce cohérent par rapport à l'ancienneté de ces derniers ?

Le père, le chef, le coach, doivent stimuler l'Adulte de la personne qui s'exprime à travers la prise en compte des moyens qui sont à sa disposition, en donnant des permissions à l'Enfant intérieur, en le protégeant de la révolte et de la colère. La personne coachée prend conscience qu'il n'y a pas qu'une façon de vivre et progressivement gagne le droit de cesser de s'opposer pour agir par lui-même.

L'indépendance renvoie à l'énergie de l'Enfant libre qui n'a de compte à rendre à personne. Est-ce cohérent par rapport à l'organisation de la personne coachée ?

Le père, le chef, le coach doivent stimuler l'Adulte de la personne qui s'exprime à travers la réalité vécue par lui, en donnant des permissions à l'Enfant intérieur, en le protégeant de l'isolement et de la tristesse. La personne coachée prend conscience qu'il n'y a pas qu'une façon de vivre et progressivement gagne le droit à être en lien tout en étant responsable.

L'interdépendance, expression de l'énergie alignée des trois modalités de l'état du moi Enfant, permet d'une part le contact et l'intimité mais aussi d'autre part l'efficacité de la synergie issue de la rencontre de deux énergies permettant la naissance d'une nouvelle énergie. C'est le but à atteindre.

- Quelles sont vos qualités de leader, autonome et interdépendant ?
- Comment dépassez-vous vos émotions négatives de confusion pour développer votre clarté d'esprit et affirmer votre fluide de l'autorité ?
- Comment dépassez-vous vos émotions négatives d'insatisfaction pour développer votre créativité et asseoir votre fluide de l'autorité ?
- Comment dépassez-vous vos émotions négatives de colère pour développer votre capacité à négocier et asseoir votre fluide de l'autorité ?
- Comment dépassez-vous vos émotions négatives d'orgueil pour développer votre écoute et asseoir votre fluide de l'autorité ?
- Comment dépassez-vous vos émotions négatives de jalousie pour développer votre capacité à reconnaître les qualités de l'autre, à encourager, et asseoir votre fluide de l'autorité ?

Il est temps maintenant que je vous propose de vous accompagner à la recherche de vos propres stratégies émotionnelles et qualités de leader à développer.

Exercices d'identification et de gestion de vos émotions négatives

Quelle est la méthode qui va nous permettre de répondre à la question posée précédemment, à savoir comment nous libérer de nos émotions négatives ? Quels sont les antidotes ?

Dans ma pratique auprès des dirigeants, après avoir fait un détour par la psychologie bouddhiste, à travers des citations qui constitueront un point de départ pour une réflexion collective, j'ai recours en effet à son approche émotionnelle basée sur une introspection millénaire.

Reprenons donc ces cinq émotions de base en examinant leurs origines, les comportements qu'elles induisent et les chemins d'évolution possibles. Après les avoir identifiées en profondeur, je vous proposerai deux exercices.

Les cinq émotions de base

- **L'ignorance**

Origine

La première perturbation est l'ignorance, elle est à prendre au sens de déni de réalité, de distorsion cognitive, de méconnaissance. Elle est méprise, fascination à l'exemple du rêve. Quand je rêve, mon « moi » perçoit le rêve comme une réalité.

L'ignorance, le déni, est en lien avec la peur, c'est même la première défense face à la peur, peur du changement, de l'isolement, de l'échec, de se faire écraser par l'autre... Sans entraînement, notre esprit est sans cesse en train de produire de la confusion, du chaos. L'ego s'identifie à quelque chose qui n'a pas l'existence qu'il lui donne, la permanence qu'il lui donne.

Quelle est l'origine de cette confusion ? Le nourrisson, notre inconscient vit dans l'indifférenciation. Le but du développement personnel est de nous différencier, d'apaiser nos conflits internes, de dépasser nos croyances limitantes afin de mobiliser nos ressources et de devenir ce que nous sommes de façon Adulte pour accéder au réel. En nous ressourçant à la liberté interne de notre Enfant intérieur, nous nous dynamisons.

Comportement

Notre conscience de base est une succession d'instants de connaissance. D'abord il y a nos cinq sens : je regarde, j'écoute, je sens, je touche, je goûte. Au-dessus, il y a un mental perturbé par des jugements issus du passé et logés dans notre inconscient : « Il est nul » ou « je suis nul ». Et au-dessus encore, il y a une conscience organisatrice à partir des identifications successives : « **C'est moi cela** ». Les jugements issus de notre passé, logés dans notre inconscient, imprégnés du fonctionnement duel de notre esprit, sont donc la cause de cette confusion.

Nous ne cessons de nous identifier à quelque chose qui bouge tout le temps. Tout est interdépendant, mais nous ne le voyons pas, car le fonctionnement de notre intellect et de notre langage est dual, alors que la solution serait la voie du milieu qui donne de l'espace et de la lucidité à l'esprit et qui peut se résumer ainsi : ni cela existe, ni cela n'existe pas, ni les deux, ni aucun des deux.

Chemin de la résolution

Comme pour chaque émotion, il s'agit de l'identifier, de comprendre ses causes et conséquences et de la gérer en la traversant pour ressortir plus lucide et plus serein.

Le chemin est de travailler sur nos ornières comportementales, sur nos tendances émotionnelles, par un travail de miroir qui nous ramène à nous-mêmes pour nous apaiser.

Nous ruminons sans cesse ; dans ces conditions il est difficile d'être lucide. L'entraînement consiste donc à accepter cette tension et cette confusion pour l'apaiser progressivement.

Il s'agit de cesser de réagir en permanence pour développer sa lucidité, clarifier son esprit et de trouver les ressources pour faire face. Il s'agit d'accepter notre ignorance pour la traverser sans craindre le vide. Il nous faudra chaque jour affronter cette peur et ce déni de réalité pour nous ouvrir à nous-mêmes, aux autres et à la vie afin de nous éveiller. C'est dans cette posture d'acteur que nous affinons notre vigilance et notre audace et trouvons notre joie de vivre.

- **Le désir**

Origine

Le désir fonctionne en trois temps : nous aimons, nous voulons, nous nous attachons. Un désir encore plus profond est la soif fondamentale de confirmer l'existence de notre ego à travers nos attachements. Nous nous attachons à ceci ou à cela parce que ceci ou cela signe notre identité. Par ailleurs, tout individu normalement névrosé est ambivalent, a des désirs contradictoires qui consistent à détruire ce qu'il convoitait juste avant. Cette ambivalence provient du conflit entre le conscient qui choisit une direction et l'inconscient qui choisit la voie inverse, elle provient également du conflit entre le Parent, qui nous dicte des conduites défensives, et l'Enfant en nous, qui nous poussent vers nos désirs.

Comportement

Le désir est une émotion fondamentale, inhérente au monde humain ; elle nous accompagne dès la première minute de notre existence, puisque nous sommes nés du désir de nos parents.

Dans le désir, il s'agit donc de reproduire ce qui a laissé en nous une ornière de plaisir, c'est pourquoi dans le désir, nous ne faisons que revivre le passé. C'est ce qui s'appelle le cercle du *samsara*, de l'illusion. En nous attachant à nos désirs contradictoires, nous avons perdu d'avance, car rien ne reste stable. C'est ainsi que le désir est source de souffrance.

Sans cesse, nous pouvons constater que nous prenons nos désirs pour des réalités, que chacun voudrait que l'autre fonctionne selon son désir, et que nous nous déculpabilisons souvent par la justification.

Chemin de la résolution

Il s'agit d'identifier, de comprendre et de traverser le désir engendrant de la frustration pour se réaliser en s'ouvrant avec générosité au présent, la plus grande des souffrances étant certainement d'avoir un cœur de pierre. L'antidote au désir est donc d'être prêt à vivre ce qui apparaît avec générosité. Vivre le moment présent est donc une recette miracle pour n'avoir peur de rien et besoin de rien, recette qui favorise l'ouverture, l'étonnement et la joie de vivre. Le désir bénéfique est celui qui éclaire notre existence et qui nous libère pour nous accomplir.

Pour cela il s'agit de faire le deuil de nos besoins répétitifs pour retrouver notre motivation de base d'ouverture au monde dans l'apaisement. Il s'agit de développer un esprit positif pour se désintoxiquer de notre ego. Il est alors important de rester vigilant, de ne pas remplir d'espoir une expérience d'un moment car le désespoir suivra, de continuer à rester dans la voie du milieu, de continuer à s'ouvrir à soi et aux autres, de rester dans l'incertitude pour ouvrir des possibles.

- **La colère**

Origine

La colère est en lien avec le refus de l'autorité et le besoin d'être respecté. Tout se passe comme si nous étions dans un match de ping-pong ou la balle grossit à chaque échange. La colère s'auto-alimente et provoque une sensation d'épuisement.

L'objectif n'est pas d'éteindre la colère par le refoulement. Il s'agit d'entrer en relation avec la colère, avec son esprit et avec son corps, pour la transformer et vivre un changement majeur, en traversant sa rage.

Comportement

La colère se traduit par une excitation grandissante, qui fait que nous envoyons de la souffrance et que nous recevons de la souffrance. Si la colère est retournée contre soi, nous somatisons.

Chemin de la résolution

Il s'agit de comprendre et de traverser l'impatience, la colère ou la rage pour développer patience et esprit de négociation avec soi et l'autre.

Pour transformer la colère, il est donc important de développer la patience face aux agressions et d'accepter sans subir pour aller au-delà de son ego.

Si nous ne pouvons pas maîtriser toutes les situations, nous pouvons maîtriser la façon dont nous réagissons aux situations et quand la cause est juste, c'est-à-dire non égocentrée, aller jusqu'au bout et déplacer des montagnes. Accepter le réel n'est pas le subir, ni subir le monde extérieur, ni subir surtout le monde intérieur. Il s'agit de prendre la situation comme matériau de réflexion, pour lâcher l'attachement à nos représentations et pour se positionner avec justesse.

Le remède à la colère consiste dans le fait de rassembler les causes et les circonstances pour comprendre comment nous sommes entrés dans la colère. La solution est là : ouvrir son regard à la situation présente, s'adapter à ce qui se passe, négocier avec le réel. Le remède est de développer l'esprit de négociation pour clarifier et mettre en place des compromis, pour accepter le réel sans le subir en posant les limites avec respect.

- **L'orgueil**

Origine

Le moi n'a pas la permanence que nous lui donnons, puisque l'esprit utilise son environnement pour se confirmer, en s'appropriant par l'attachement, en rejetant par la colère, en se disant que nous sommes différents des autres par l'orgueil.

L'orgueil est proche de l'ignorance, l'illusion consiste à croire que toute notre histoire nous rend unique et donc nous confirme que nous sommes seuls au monde.

Perdre une illusion c'est lui faire face, c'est cesser d'avoir un regard de hiérarchisation et de jugement, mais c'est poser un regard objectif et pragmatique pour cesser de nous confirmer dans notre différence.

Comportement

L'orgueil se manifeste par la difficulté à voir ce que nous sommes vraiment. L'orgueil fige l'esprit ; mais par la déception de ne pas être ce que nous ne sommes pas, il crée une brèche vers l'ouverture et la compréhension.

Quand une histoire de vie blesse fortement, l'autosatisfaction peut être bénéfique car elle est un contenant de l'ego. Nous pouvons tous sortir de la confusion et nous éveiller, mais chacun a droit à son rythme. Pour dépasser l'orgueil négatif, il est important de comprendre que l'on peut être aimé sans être le préféré.

Chemin de la résolution

Il s'agit donc d'identifier, de comprendre et de traverser l'orgueil pour développer l'écoute, l'humour et l'interdépendance avec soi et avec l'autre. L'humour, en mettant de l'espace et de la lucidité sur l'interdépendance, calme l'orgueil. L'écoute permet de développer un orgueil positif, une modestie tournée vers les fiertés collectives.

L'orgueil est le filtre majeur des dirigeants, il entrave la perception de la richesse des apports des collaborateurs. Il s'agit de s'entraîner à pratiquer l'écoute et ainsi de développer un espace de rencontre avec l'autre. Le lâcher-prise est justement cette distance où nous ne sommes plus victimes de nos représentations et de nos perturbations.

La transformation permet de valoriser ses collaborateurs, de développer les fiertés mutuelles, de cesser d'être dans l'ignorance qui fait croire que l'on est d'une nature différente de celle des autres humains, afin d'exercer un pouvoir mature, c'est-à-dire sans menace pour l'autre.

- **La jalousie**

Origine

La jalousie, pour la psychanalyse, trouve son origine dans une confusion entre soi et l'autre, un manque de différenciation qui fait basculer de l'amour à la haine, une vulnérabilité due à une blessure d'enfant indicible, un manque de confiance en soi, une peur de l'abandon. Le jaloux veut tout pour n'être exclu de rien. Il vit à travers l'autre par manque d'autonomie.

Ce désir d'emprise tisse des relations destructrices et apparaît dans les relations fraternelles. Pour sortir de ce schéma, il convient de s'interroger avec lucidité sur la place que l'on occupe afin de sortir des comparaisons.

Comportement

Pourtant c'est parfois difficile de se réjouir du bonheur des autres. Quand un autre réussit là où nous échouons, il arrive que l'envie prenne la place de la joie partagée. C'est cela la jalousie. La jalousie est cet espace par lequel nous vivons notre vie à travers la vie des autres sans vivre la nôtre.

La jalousie est un invité encombrant qui demande toujours plus que ce que nous voudrions lui donner. Il s'agit, comme pour toutes les émotions perturbatrices, de poser des limites claires à cet invité encombrant. Petit à petit, l'émotion s'atténuera et cet invité encombrant partira sur la pointe des pieds…

Chemin de la résolution

La jalousie consiste à vouloir pour soi ce qui appartient à l'autre avec impossibilité de se réjouir du talent de l'autre, ce qui débouche sur la mise en compétition. Pour ne pas voir le talent de l'autre, pour ne pas voir ce que nous voudrions avoir, nous voyons ses défauts.

Prononcer ces simples mots : « bien joué » constitue le meilleur remède à la jalousie. Si nous ne savons pas par où commencer pour nous réjouir, regardons ce que nous avons et oublions ce que nous n'avons pas. Cette posture nous permettra de calmer nos peurs de ne pas être le plus important, le plus compétent et le plus digne d'être aimé. Cette posture nous permettra de goûter le présent pour nous positionner tranquillement, pour vivre selon nos motivations profondes tout en étant interdépendant.

Premier exercice basé sur la psychologie occidentale

D'après la classification occidentale, élaborée par Paul Ekman, professeur de psychologie à l'université de Berkeley, il existe quatre émotions de base : la peur, la colère, la tristesse et la joie.

Je vous propose de lister et d'analyser les situations de peur, de colère, de tristesse et de joie que vous venez de vivre dans les semaines précédentes puis de faire un plan d'action à partir du questionnement ci-dessous :

- La colère : comment vous faire respecter pour vous affirmer avec calme ?
- La peur : comment évaluer les risques pour vous désinhiber ?
- La tristesse : qu'avez-vous hérité de la perte pour repartir confiant envers l'avenir ?
- La joie : avez-vous des raisons justes de vous réjouir ?

Second exercice basé sur la psychologie orientale

À partir de la classification orientale, que pour ma part je trouve très opérationnelle en entreprise, je vous invite à dépasser vos émotions négatives :

- la confusion en développant votre clarté d'esprit ;
- le désir en développant votre créativité ;
- la colère en développant votre esprit de négociation ;
- l'orgueil en développant votre écoute ;
- la jalousie en développant votre sens de la reconnaissance.

Cet exercice vous permettra de développer votre *fluide de l'autorité* (au sens étymologique : *être auteur de*) et d'asseoir votre leadership.

Demandez un *feedback* à votre entourage, car ce n'est pas vous qui décidez si vous êtes un leader, ce sont les autres qui valident cette aptitude chez vous :

Quelle est votre perception de mon style de management, à propos des cinq critères cités ci-dessous ?

- clarté des messages, esprit de soutien et de transparence ;
- capacité de créativité, d'adaptation, de flexibilité ;
- aptitude à la négociation et force de conviction ;
- écoute ;
- capacité à sanctionner et à valoriser ses collaborateurs.

Quel conseil ou encouragement souhaitez-vous me donner pour m'aider à mieux développer mes aptitudes de manager ?

N'oublions pas le message du philosophe **Thalès** : « Si tu commandes, gouverne-toi toi-même, la violence ramène l'homme à l'état de bête sauvage. »

À présent, enrichissons-nous de la lecture d'un cas de dirigeant opérationnel en voyage à la recherche de stratégies émotionnelles adaptées et des qualités de leader qui en sont la conséquence.

Étude de cas : une situation managériale

Monsieur E veut apprendre à gérer la colère qu'il refoule.

Je lui propose de l'accompagner à travers un voyage basé sur un questionnement pour regarder en face ses émotions dominantes.

Je l'invite à me répondre avec la vulnérabilité de l'Enfant en lui, et l'assure qu'il n'y aura aucun jugement de ma part mais la seule volonté de comprendre ce qui l'anime.

Comment vous comportez-vous lorsque vous êtes sous l'emprise d'une émotion ?

Il y a toujours plus de travail avec la vitesse qui s'accroît dans notre monde de l'ouverture à la communication. Sous l'impulsion de l'Université d'entreprise, j'ai suivi un séminaire sur la négociation, c'était très révélateur sur l'irrationalité de nos comportements.

Qu'avez-vous appris sur l'irrationalité des conduites humaines ? Quelles sont vos stratégies émotionnelles dominantes ?

J'ai du mal à exprimer ma colère. Dans ma famille la colère était synonyme de manque de maîtrise de soi, alors je la remplace par de l'acceptation pour me sentir aimé.

Enfant, j'ai été parfois en position de me dévaloriser, moins maintenant sauf si je trouve l'autre brillant.

Je peux me ressourcer à des images qui me font sourire, imaginer l'autre dans un film humoristique pour voir ainsi son pouvoir diminué.

Pourtant, lorsque je suis en difficulté, je me surprends à avoir la bonne démarche grâce à mon intuition et à mon pragmatisme.

Je vous propose de travailler sur la confiance en soi pour développer une influence positive.

Je vais reparcourir avec vous mes choix de vie : ayant grâce à ma mère un désir d'avoir un métier stable et un amour pour la culture et ayant une nature de bricoleur et un goût pour la physique, je me suis dirigé vers les classes préparatoires aux écoles d'ingénieur et mes années à Centrale à Paris furent les plus belles de ma vie car j'ai appris à utiliser ce que j'avais appris à apprendre avant.

Ma première activité dans le groupe devait être intéressante sur le plan du développement d'une expertise et payé correctement. Elle fut intéressante pour moi mais moins pour l'entreprise car l'industrialisation de la recherche appliquée en acoustique poursuivie était trop coûteuse, ce qui fut frustrant pour moi car je pense que le fruit du travail doit servir.

J'ai donc changé d'activité et, dans le cadre de la réorganisation du service recherche et développement, je me suis dirigé vers le service informatique. J'ai eu des missions épanouissantes aux États-Unis dans la Silicon Valley.

Puis je me suis heurté à la peur du changement, j'ai été en alliance avec mes équipiers et pragmatique pour convaincre d'utiliser une nouvelle architecture informatique plus réactive.

Ensuite, j'ai à nouveau changé pour faire du management, en me disant qu'il fallait vaincre ma peur et me lancer sous peine de rester dans une voie de garage. J'ai développé un pilotage intuitif, j'ai aimé le contact humain même si j'ai peur du conflit, j'ai moins aimé la charge de travail administrative que les supérieurs qui ont appris à déléguer déversent sur la première ligne de management.

Je suis alors devenu conseiller du directeur de la Recherche et Développement, un esprit brillant, convivial et sachant donner de l'autonomie. Aujourd'hui il y a raidissement du métier avec la séparation de la maîtrise d'ouvrage qui connaît les besoins des métiers et de la maîtrise d'œuvre qui pilote la réalisation.

Mon projet et mon désir dans cinq ans : je veux être dans la position de mon chef aujourd'hui. L'avantage est d'utiliser mes compétences, d'en faire profiter un plus grand nombre et de me sentir bien.

Les obstacles : en externe, il y a la politique de succession que je ne maîtrise pas. En interne je ressens une réticence devant la charge de travail de mon chef due à sa nature perfectionniste, nature perfectionniste que je partage également tout en ayant également besoin de mettre ma famille au premier plan. C'est pourquoi la cohabitation de ces deux tendances contradictoires peut entraîner un inconfort.

La nuit, en position allongée, tout est insurmontable pour moi, j'ai peur ; et le matin, quand j'agis, tout se clarifie. Alors je me dis que l'on peut mener cette mission en travaillant moins.

Mes schémas récurrents de comportements émotionnels tournent autour du désir et de l'insatisfaction. J'ai confiance en moi dans ma vie personnelle, je sais ce que je veux : être heureux ! Mais je manque de confiance en moi dans ma vie professionnelle, je ne sais pas ce que je veux, à part être productif, je n'ai pas de vision à long terme car j'avance intuitivement par essais et erreurs. Je voudrais renforcer ma sécurité interne.

Je vous propose d'explorer les cinq émotions de base, à travers des exemples issus de votre expérience.

Clarté et confusion : « Par exemple, quand j'ai peur du jugement de la hiérarchie, je n'ai plus les idées claires. Je devrais me dire que l'autre a une perception de moi à travers ses filtres mais qu'il n'a pas plus que moi à me juger. »

Créativité et insatisfaction : « Je peux avoir des intuitions quand je suis présent à la situation, lorsque je n'ai pas peur. »

Négociation et colère : « En ce moment, je suis en colère contre moi car j'ai du mal à anticiper. C'est de ma faute et je ne vois pas de solution alors j'ai mal au dos. J'ai en public une image calme, je me rassure et suis rassurant avec les autres, mais seul je perds cette assurance. »

Écoute et orgueil : « J'écoute beaucoup, je perçois mieux l'objectif de l'autre que le mien. »

Valorisation et jalousie : « J'ai l'impression que je sais admirer et que je sais valoriser. »

Que retenez-vous de cette séance ?

Je vais faire un effort de préparation sur la définition de mon objectif, mes limites, mes compromis. Peut-être pas seul, j'ai un collègue qui aime jouer le rôle du méchant, ce qui me permet de garder mon rôle préféré de gentil.

Il faut que je déconstruise cette croyance qui associe pouvoir, égoïsme et colère. Je suis en lien avec l'autre, je veux être plus présent à moi-même.

Je vais développer ma capacité à coordonner et à être créatif, en définissant ce que je veux, en donnant un sens à travers une vision, en décidant avec justesse. La décision juste est pour moi la capacité à faire appliquer la décision prise par recherche de consensus.

Après avoir lu ce cas, je vous propose de revenir à votre propre questionnement, enrichi par la réflexion d'un autre.

Notes personnelles : mon émotion dominante

Dois-je travailler sur la clarté de mes messages pour dépasser la confusion et la peur, en étant plus lucide ?

....

....

....

Dois-je travailler sur ma capacité d'adaptation, de flexibilité, de créativité pour pacifier mon désir et mon insatisfaction, en étant plus présent ?

....

....

....

Dois-je travailler sur mon aptitude à la négociation et sur ma force de conviction pour gérer ma colère, en étant plus patient ?

....

....

....

Dois-je travailler sur mon écoute pour développer un orgueil positif, en étant plus confiant ?

....

....

....

Dois-je travailler sur ma capacité à sanctionner et à valoriser pour dépasser ma jalousie, en étant plus reconnaissant ?

....

....

....

....

En résumé

Une cinquième clé pour réussir dans un monde incertain consiste à résister aux menaces pour durer afin de ne pas être en situation de dépendance puis à développer son autonomie en gérant ses émotions négatives.

L'émotion s'élève à la rencontre de deux êtres suivant leurs habitudes de réagir, leurs stratégies personnelles. C'est ainsi, suivant leur dominante comportementale, que certaines personnes se mettent dans l'insécurité et que c'est la peur les habite de façon dominante. D'autres personnes se situent dans l'envie et c'est le désir qui les hante. D'autres encore se posent en opposition systématique et vivent l'émotion de colère de manière répétitive. Certaines personnes se mettent naturellement en comparaison avec l'autre personne qui se trouve sur leur chemin et c'est la jalousie qui les anime. Certaines enfin se mettent systématiquement au-dessus des autres et c'est l'orgueil qui les motive.

Il s'agit de dépasser ses émotions négatives en développant, clarté, adaptabilité, écoute, conviction et reconnaissance, pour devenir chaque jour plus autonome :

- clarté des messages, esprit de soutien et de transparence pour dépasser sa confusion et sa peur ;
- capacité d'adaptation, de flexibilité, de créativité pour pacifier son désir et son insatisfaction ;
- aptitude à la négociation et force de conviction pour gérer sa colère ;
- écoute pour développer un orgueil positif ;
- capacité à sanctionner et à valoriser ses collaborateurs pour résoudre sa jalousie.

Clé 6

Communiquer en anticipant sur un scénario catastrophe

Une sixième clé pour réussir dans un monde incertain consiste à communiquer sur un objectif explicite, en anticipant un scénario catastrophe, pour gérer de bonnes surprises.

En effet, face à l'incertitude externe et interne, une communication de qualité est notre dernier allié, pour développer notre sécurité relationnelle.

C'est pourquoi, dans ce contexte mouvant, il est important de développer son courage pour dire la vérité, à la fois sans renoncer mais aussi sans blesser.

Car, comme le souligne Vladimir **Jankélévitch**, dans *L'Ironie ou la Bonne Conscience*, publié en 1979 : « Est courageux celui qui sait que cette chose qu'il faut dire et faire, c'est moi qui doit la dire et faire... À terme, le prix du courage est moins élevé que celui du renoncement. » Sans ancrage dans ce qui constitue la capacité à établir des contrats relationnels d'Adulte à Adulte, pas de sécurité, ni interne, ni externe.
L'autocoaching, c'est-à-dire la distanciation par rapport à soi-même, va nous permettre ce sixième voyage intérieur...

Définition : Qu'est-ce qu'une communication de qualité ?

Étymologiquement, le mot « communication » vient du latin « *communicare* » et signifie « mettre en commun ».

Quels sont les facteurs d'une communication responsable ?

Que faut-il « mettre en commun » ?

Il s'agit de mettre en commun un objectif partagé où chacun a son rôle. Pour souligner la complexité de la mise en commun avec son cortège de rétroactions, écoutons le financier Alan Greenspan : « Si vous m'avez compris, c'est que je me suis mal exprimé. »

Pour éviter ce piège dit avec humour, communiquer sur un objectif précis, positif, possible, il faut d'abord clarifier ses propres peurs pour réduire les peurs de ses collaborateurs.

Dès lors, comment « mettre en commun » ?

Cela nous amène à nous demander comment mettre en commun un objectif partagé, alors que notre monde intérieur a tendance à envahir le champ de notre conscience.

Il s'agit de communiquer à partir d'un scénario catastrophe pour anticiper les obstacles. Nous verrons alors que ce scénario catastrophe que nous imaginons est bien souvent la projection de notre propre identité scénarique, de nos désirs inconscients réprimés et donc de nos risques.

Cette clarté retrouvée permet alors d'établir des relations responsables fondées sur des attentes réalistes et donnant des marges de manœuvres à chaque acteur. Pour Éric **Berne**, seul le contrat définissant les indicateurs et les moyens régule les jeux psychologiques.

Voici quelques principes de communication

Le psychosociologue Paul **Watzlawick,** théoricien de la psychologie systémique, met au centre de son objet d'étude la communication puisque c'est le seul élément observable. Dans *Une logique de la communication*, publié en 1972, il explique qu'on ne peut pas ne pas communiquer, ne pas se comporter. Or tout comportement a valeur de message et tout message a valeur de communication.

C'est ainsi que tout message comporte deux aspects : le contenu informationnel ou langage digital et la relation comportement et émotions ou langage analogique. Le contenu peut être noté, alors que la relation laisse place à l'interprétation. Pour lui, dans toute communication, nous réagissons à la relation à 80 % et au contenu à 20 %. C'est pourquoi, en management, le processus est plus important que le contenu.

C'est pourquoi le manager ne peut se contenter de communication explicite et c'est pourquoi il doit intégrer dans sa relation à l'autre de la communication implicite.

La perception est donc une interprétation qui s'accroche sur une histoire à partir d'une sensibilité. Et la conscience est la capacité à créer son propre monde interne. Dès lors la question qui se pose est de savoir comment pacifier sa conscience ? Seuls l'analyse et l'assouplissement de nos programmes et filtres permettent cet apaisement.

Que nous apprennent les philosophes pour réussir dans un monde incertain, pour mener une « vie bonne » et communiquer avec humanité ?

Retenons la célèbre citation de la philosophie stoïcienne, énoncée par l'empereur **Marc Aurèle** : « Donne-moi la sérénité d'accepter ce que je ne peux changer, le courage de changer ce que je peux changer et la sagesse de discerner les deux. »

Elle souligne que nos difficultés sont dues à nos perceptions, que nous pouvons les modifier et que cette modification peut avoir des effets positifs sur nos pensées, nos ressentis et nos comportements. Car les perceptions se font au travers de lunettes émotionnelles. Il s'agit donc de se détacher de soi pour identifier ses perceptions puis de travailler sur son image pour restituer ses représentations.

Je vous invite à vous questionner pour gérer de bonnes surprises, la clé étant d'être clair sur ce que vous désirez, car c'est en sachant ce qu'on veut qu'on peut le plus certainement l'obtenir :

Nous l'avons vu dans la clé n° 5 sur les émotions, savoir ce que nous voulons vraiment est très difficile à cause de notre ambivalence de base. Dès lors il est important de se questionner de façon exhaustive sur ce que nous souhaitons. Pour aider à passer de l'État Présent, caractérisant le problème, à l'État Désiré, caractérisant l'objectif, John **Grinder**, linguiste inventeur de la PNL, Programmation Neuro-Linguistique, a élaboré deux questionnaires. Pour recueillir des informations sur l'État Désiré, il s'agit d'activer vos rêves et votre cerveau droit :

- Que voulez-vous ?
- Est-ce que cet objectif ne dépend que de vous ?
- Qu'est-ce que cela vous apportera d'important ?
- À quoi saurez-vous que vous avez atteint votre objectif ? Quels seront les indicateurs de mesure de la réussite ?
- Est-ce qu'il y a un inconvénient à atteindre cet objectif, pour vous, pour votre entourage ?
- Est-ce qu'il y a des avantages à garder cette difficulté ou ce problème ?
- Qu'est-ce qui vous empêche d'atteindre votre objectif ? Quels sont les obstacles internes et externes ?
- Et pour recueillir des informations sur l'État Présent, il s'agit d'activer votre sens de l'analyse et votre cerveau gauche :
- Quel est le contexte, ses avantages, ses inconvénients, depuis quand ce problème existe-t-il ? Comment ?
- Qui est impliqué ? Quel est son point de vue ?
- Que voulez-vous garder ? À quoi ne voulez-vous pas renoncer ? Que dit la partie de vous qui ne veut pas changer ? Quelle est son intention positive ?

Il est temps maintenant que je vous accompagne à la recherche de l'optimisation de votre communication.

Exercices sur le PCM (processus de communication en management)

Comment s'enrichir des différences interhumaines ?

Quelle est la méthode qui va nous permettre de savoir comment communiquer pour développer son assertivité et gérer son stress ?

Dans ma pratique auprès des dirigeants, après avoir fait un détour par Watzlawick et Grinder, à travers des citations qui constitueront un point de départ pour une réflexion collective, pour expliquer le processus de communication, j'ai recours en effet à l'approche du psychologue Taibi **Kaeler** pour comprendre quels sont nos scénarios et comment nous rentrons sous stress.

Ce dernier a élaboré un modèle dit PCM : Processus de Communication en Management, en s'appuyant sur les recherches d'Eric Berne en Analyse Transactionnelle, à travers les modèles d'États du Moi, de Transactions et de Scénarios de vie. Taibi Kahler a obtenu le prix Éric Berne en 1970 pour ses travaux en PCM. Rappelons que l'Analyse Transactionnelle, celle des transactions de communication, a été élaborée après l'Analyse structurale, celle des États du Moi, par Éric Berne dans les années 1930.

N'oublions pas que différents tests ou inventaires de personnalité sont à votre disposition sur Internet pour évaluer votre dominante et votre chemin d'évolution : Belbin, MBTI de Myers Briggs, Process Communication Management ou PCM de Taibi Kahler…

C'est un test simplifié à partir de ce dernier test que je vous propose avec une évaluation des résultats également simplifiée.

Il s'agit de mesurer sa complexité personnelle avant de mesurer la complexité de sa coopération. Il s'agit donc de s'affirmer puis d'accueillir l'altérité, pour se maîtriser dans un premier temps et maîtriser la relation dans un second temps.

Cet outil est précieux pour adapter son style de management à ses collaborateurs, développer son assertivité, pour gérer son stress et celui de l'autre.

Il permet de changer ses perceptions et ses actions scénariques, pour donner de la qualité à la relation et développer son leadership.

La PCM définit six types de personnalité en lien avec des modes de perceptions et correspondant à des besoins spécifiques. Ces types s'expriment à travers des scénarios au niveau de la motivation, de la communication et de la gestion du stress.

Notre mode de perception définit notre type de personnalité.

On estime que nous avons une porte d'entrée privilégiée qui déterminera notre type de personnalité, à partir du triangle Tête Cœur Corps, suivant le mode de perception que nous préférons.

À partir de ces trois portes, on observe deux types. On dénombre donc au total six types de personnalités que l'on retrouve partout dans le monde. Ces types se nomment : Rêveur, Travaillomane, Persévérant, Rebelle, Promoteur, Empathique.

Pour connaître son type de personnalité, il faut examiner ses besoins, ses motivations, ses forces, son environnement et son style de management préférés.

Voici comment se définissent les 6 types de personnalités traditionnellement dégagés :

- **le Rêveur :** il a besoin de temps, a une motivation pour l'analyse, une force d'imagination, il aime un environnement simple, il manifeste un style de management directif, est doué pour la Recherche. Il serait notre directeur de la recherche et développement interne ;
- **le Travaillomane** : il a besoin de reconnaissance du travail accompli, a une motivation pour la logique, une force d'expertise, il aime un environnement fonctionnel, manifeste un style de management informatif, est doué pour la production. Il serait notre directeur de la production interne ;
- **le Persévérant** : il a besoin de reconnaissance de ses opinions, a une motivation pour la « grandeur », une force d'organisateur, il aime un environnement classique, manifeste un style de mana-

gement informatif, est doué pour la Direction générale. Il serait notre directeur général interne ;
- **le Rebelle** : il a besoin de réactivité, a une motivation pour la créativité, une force d'improvisation, il aime un environnement ludique, manifeste un style de management délégatif, est doué pour le marketing. Il serait notre directeur artistique et marketing interne ;
- **le Promoteur** : il a besoin de défi, a une motivation pour l'action, une force de conviction, il aime un environnement luxueux, manifeste un style de management directif, est doué pour les relations commerciales. Il serait notre directeur commercial interne ;
- **l'Empathique** : il a besoin de chaleur, a une motivation pour la relation, une force de sensibilité et de compassion, il aime un environnement familier, manifeste un style de management participatif, est doué pour la communication et les ressources humaines. Il serait notre directeur de la communication interne.

Le processus est plus important que le contenu.

La Process Communication-Management, PCM, permet également de définir les canaux de communication à privilégier ou à éviter pour entrer dans une relation positive et constructive :

- l'Empathique doit être abordé à travers un canal réconforteur, en manifestant des encouragements ;
- le Rebelle doit être abordé à travers un canal émoteur, en s'amusant ;
- le Persévérant et le Travaillomane doivent être abordés à travers un canal interrogateur, en échangeant des informations ;
- le Promoteur et le Rêveur doit être abordé à travers un canal directeur, en donnant des protections.

Le but est de devenir polyglotte pour développer créativité, courage et cohérence.

Quel est mon immeuble ? Quel est mon Comité de Direction intérieur ?

Nous possédons les six types en nous, comme nous possédons également les différents États du Moi en nous, mais l'un domine, c'est ce qui constitue la base de notre immeuble de personnalité qui comprend six étages.

1er exercice : mon immeuble de personnalité, mon profil de communicant et mon comité de direction intérieur

Dans un premier temps, faites le test simplifié ci-dessous, inspiré de celui de Taibi Kaeler.

Puis dans un second temps, interrogez-vous sur les points suivants :

1. Quelles sont mes forces ?
2. Quelles sont mes conditions d'efficacité et de sérénité, car elles sont liées, c'est-à-dire les moments où mes besoins sont satisfaits ?
3. Quelles sont mes situations pièges, c'est-à-dire les moments où je manifeste un non-choix de certains comportements pourtant utiles et où je fais preuve d'un manque d'énergie psychique pour m'investir dans les étages supérieurs de mon immeuble ?
4. Quels sont mes axes de développement pour éviter que mes forces ne deviennent des faiblesses ? Sur quelles croyances et filtres reposent ces évitements ? Comment les assouplir pour être plus complet ? Qui dirige en moi : la production, la recherche, la communication… ? Et qui n'a pas assez droit de cité ?

Test sur les processus de communication
Questionnaire simplifié
élaboré à partir des travaux de Taibi Kahler
issu de l'Analyse transactionnelle

À chacune des 20 propositions suivantes, entourez la réponse qui vous convient le mieux

1. Mes points forts sont surtout :

A. D'être chaleureux (se), de prendre soin des autres.
B. De m'amuser, de prendre la vie du bon côté et d'être spontané(e).
C. Ma capacité à effectuer seul(e) des tâches que d'autres trouveraient ennuyeuses.
D. Ma capacité à analyser, comprendre les faits en privilégiant la logique.

E. De me concentrer sur un problème que je considère important afin de le résoudre.

F. De m'adapter aux gens, aux situations, de saisir les opportunités.

2. Parmi les animaux suivants, celui qui pourrait symboliquement me représenter serait :

A. Un hibou, patient, observateur, énigmatique.

B. Un renard, malin et rusé.

C. Un chat, joueur, se laissant caresser seulement quand il l'a décidé.

D. Un castor, concepteur et bâtisseur.

E. Un papa poule (une maman poule), protecteur et donnant de l'affection.

F. Une tortue, patiente, calme et pondérée.

3. Au travail, je passe parfois pour quelqu'un qui :

A. Est trop sensible.

B. N'en fait qu'à sa tête.

C. Est trop accroché à ses convictions.

D. En fait trop.

E. Est trop « fonceur ».

F. Est trop réservé.

4. Lorsque j'ai des problèmes dans mon travail, j'ai tendance à :

A. Me dire que je n'en ai pas suffisamment fait pour les autres et à me culpabiliser.

B. Penser que je ne suis pas suffisamment organisé(e) et que je n'ai pas assez anticipé.

C. Être convaincu(e) que les autres n'ont qu'à réfléchir et qu'ainsi ils comprendraient que c'est moi qui ai raison.

D. Me replier sur moi-même.

E. Ne pas accepter que les autres soient mécontents et avoir envie de les envoyer « paître ».

F. Chercher si on n'essaie pas de « me rouler ».

5. **Lors d'une pause, j'ai tendance à :**
   A. M'isoler et à m'absorber dans mes pensées.
   B. Partager un moment agréable avec des gens que j'aime bien.
   C. En profiter pour faire un peu de travail en retard, reprendre mes notes ou réfléchir à des projets qui me tiennent à cœur.
   D. Rechercher un collègue intéressant pour confronter nos points de vue.
   E. Rechercher la compagnie de quelqu'un qui me trouve « brillant ».
   F. Être avec des collègues sympas et plaisanter.
6. **En général :**
   A. Lorsque je commence quelque chose, je le termine.
   B. Je préfère recevoir des directives et savoir ce que je dois faire précisément.
   C. Je fais parfois des choses pour les autres que je n'ai pas envie de faire, mais que je n'ose pas refuser.
   D. Je vais toujours au bout de ce que j'ai entrepris.
   E. Je préfère faire des « choses » amusantes et variées.
   F. Je peux m'adapter à n'importe quoi.
7. **Souvent :**
   A. J'hésite à dire ce que je pense par crainte des réactions des autres.
   B. Je fais plus que ma part de travail.
   C. J'attends beaucoup des autres et de leurs performances.
   D. J'aime être dans un endroit tranquille pour travailler.
   E. La routine et les règles m'ennuient.
   F. Je me dis que je peux vendre n'importe quoi à n'importe qui.
8. **Si « tout allait mal », j'aurais tendance à :**
   A. Me dire qu'il n'est pas question de me « faire avoir », ni de me laisser encombrer par la culpabilité et les remords.
   B. Me sentir mal à l'aise, « pas à la hauteur », et même parfois faire des erreurs inhabituelles.
   C. Être en colère et juger les autres incompétents.

D. Être frustré(e) que les autres n'assument pas leurs responsabilités.
E. Me retirer et me replier sur moi-même.
F. Être furieux(se) qu'on me réprimande et penser « tu vas voir, je me vengerai ».

9. Ma devise pourrait être :

A. « Mieux vaut donner que recevoir. »
B. « Travaille d'abord, amuse-toi plus tard. »
C. « Qui ne croit en rien, ne vise rien. »
D. « L'essentiel, c'est de prendre du recul. »
E. « Je fais les choses comme j'en ai envie. »
F. « Mon meilleur ami, c'est moi. »

10. Je préfère :

A. L'intimité.
B. Les idées.
C. Les valeurs.
D. La fête.
E. Les sensations fortes.
F. Mon jardin secret.

11. Pour moi, le partenaire de travail idéal, c'est quelqu'un qui :

A. Aime faire les choses en s'amusant, sans se prendre au sérieux.
B. Est toujours au top, est prêt à prendre des risques avec moi.
C. Est chaleureux, attentif à ce que je ressens.
D. Respecte mes valeurs.
E. Me laisse travailler au calme.
F. Reconnaît le travail que je fais, apprécie mon sens des responsabilités et de l'organisation.

12. J'ai tendance à m'habiller :

A. En fonction du temps qu'il fait ; en fait cela m'importe peu.
B. Comme j'en ai envie ; j'aime être différent des autres.
C. Pour qu'on me remarque ; je suis tenté(e) par les vêtements luxueux, de grandes marques.
D. Avec des vêtements qui me mettent en valeur, l'harmonie vestimentaire est importante pour moi.

E. De façon nette et soignée ; il faut que mes vêtements soient impeccables et mes chaussures bien cirées.

F. De façon classique.

13. Jusqu'à present, j'ai préféré :

A. Être seul(e) et laisser libre cours à mon imagination.

B. Être avec des gens sympas et faire ce que nous avons envie de faire.

C. Vivre au jour le jour. J'aime avant tout foncer, la routine ce n'est pas pour moi.

D. Être avec des gens que j'aime. Me sentir accepté(e) et aimé(e) est important pour que je sois efficace dans un groupe de travail.

E. Être seul(e) pour travailler sur des projets ou être avec quelqu'un dans une discussion stimulante intellectuellement.

F. Être seul(e) pour réfléchir, ou discuter politique, actualités, culture... avec une personne respectant mes idées.

14. Pour moi, un bon manager, c'est quelqu'un qui :

A. Dit ce qu'il faut faire, donne une date butoir et laisse son collaborateur travailler seul.

B. Est chaleureux, encourageant, attentif au bien-être de ses collaborateurs et veille à créer et maintenir l'harmonie dans son équipe.

C. Plaisante, ne se prend pas au sérieux et favorise la créativité.

D. A un sens aigu de la justice et reconnaît le travail accompli.

E. Laisse les mains libres pour agir.

F. Définit clairement les orientations, les objectifs et sait déléguer pour pouvoir mener à bien le travail.

15. Je crois que :

A. Je dois avoir fini mon travail avant de me détendre.

B. Il m'arrive de me sentir coincé(e).

C. Lorsque les choses vont bien, ça risque de ne pas durer.

D. J'ai parfois du mal à obtenir ce que je désire le plus.

E. Il faut être naïf pour faire confiance aux gens.

F. Il faut du temps pour accorder sa confiance aux autres.

16. Je renoncerais en dernier à :

A. Mon côté chaleureux.

B. Savoir m'amuser.

C. Mon esprit logique.

D. Mes valeurs.

E. Du temps et un espace que pour moi.

F. Ma capacité d'adaptation.

17. Ce que je recherche dans mon travail :

A. Me sentir apprécié(e).

B. M'amuser et avoir plein d'idées.

C. Avoir assez d'autorité pour faire passer mes idées.

D. Faire des coups et en récolter les retombées rapidement.

E. Être respecté(e) pour mes valeurs et qu'on reconnaisse que je m'investis à fond dans mon travail.

F. Pouvoir travailler sans être dérangé(e).

18. Je préférerais que mon bureau soit :

A. Un endroit stimulant qui permette d'avoir de nombreux contacts.

B. Un endroit qui « en jette », avec une moquette épaisse, des meubles luxueux.

C. Chaleureux et confortable.

D. Fonctionnel et rangé.

E. Fonctionnel, classique, adapté à ma fonction.

F. Un coin à moi, tranquille.

19. Quand ça va mal :

A. Je me retire et je me replie sur moi.

B. Ça me retombe dessus.

C. Je me fâche avec ceux qui ne réfléchissent pas logiquement ou qui ne font pas leur part de travail.

D. Je suis ému(e) et j'aimerais que quelqu'un vienne « tout arranger ».

E. C'est chacun pour soi.

F. Je m'accroche à mes convictions.

20. Si je n'avais pas remis à temps un rapport, je préférerais que mon manager me dise :

A. « Votre avis est important sur ce sujet : pour quand pensez-vous pouvoir vous engager à terminer ce rapport ? »

B. « Votre rapport…, je meurs d'envie de le lire ! Alors ??? »

C. « Oh, je sais que les rapports vous ennuient. En attendant d'avoir quelque chose de plus excitant, défoncez-vous pour le sortir cette semaine. »

D. « J'apprécierais que vous le fassiez rapidement ; et si vous rencontrez des difficultés, vous pouvez compter sur moi. »

E. « Vous avez en charge plusieurs missions à mener en ce moment ; je sais que cela peut gêner votre organisation, mais votre analyse de ce dossier est importante. Quand pensez-vous avoir terminé ce rapport ? »

F. « Vous n'avez pas remis le rapport demandé ; faites-le pour lundi s'il vous plaît. »

Reportez vos réponses sur la grille de dépouillement ci-dessous :

	A	B	C	D	E	F
1	emp	reb	rev	tra	per	pro
2	tra	pro	reb	per	emp	rev
3	emp	reb	per	tra	pro	rev
4	emp	tra	per	rev	reb	pro
5	rev	emp	tra	per	pro	reb
6	tra	rev	emp	per	reb	pro
7	emp	tra	per	rev	reb	pro
8	pro	emp	per	tra	rev	reb
9	emp	tra	per	rev	reb	pro
10	emp	tra	per	reb	pro	rev
11	reb	pro	emp	pers	rev	tra
12	rev	reb	pro	emp	tra	per
13	rev	reb	pro	emp	tra	per
14	rev	emp	reb	per	pro	tra

15	tra	reb	emp	rev	pro	per
16	emp	reb	tra	per	rev	pro
17	emp	reb	tra	pro	per	rev
18	reb	pro	emp	tra	per	rev
19	rev	emp	tra	reb	pro	per
20	tra	reb	pro	emp	per	rev

Les six types sont désignés par leurs trois premières lettres : Rev = Rêveur, Tra = Travaillomane, Per = Persévérant, Pro = Promoteur, Reb = Rebelle, Emp = Empathique.

Puis comptez vos points par types de personnalité (une réponse vaut 1 point) et inscrivez-les dans le tableau suivant :

Type	Nombre de points obtenus
Rêveur	
Travaillomane	
Persévérant	
Promoteur	
Rebelle	
Empathique	

Classez ensuite vos types de personnalités par ordre d'importance et inscrivez-les dans le tableau suivant en commençant par le 1er étage. Ce tableau constitue votre immeuble de personnalité.

Votre immeuble de personnalité

6e étage (type ayant obtenu le score le plus faible)	
5e étage	
4e étage	
3e étage	
2e étage	
1er étage (type ayant obtenu le score le plus élevé)	

Le 1er étage constitue la BASE de votre immeuble de personnalité, c'est le type de personnalité qui a obtenu le score le plus élevé. Les 2e et 3e étages et plus s'appellent PHASES et objectivent les grands changements de votre vie. C'est à vous de les déterminer intuitivement.

Vous pouvez également visualiser votre comité de direction interne. Qui dirige en vous : la production, la recherche, la communication… ? Et qui n'a pas le droit de cité en vous ? Cela vous permettra de façon imagée de prendre conscience et de décider de rééquilibrer les choses.

Après avoir compris que notre personnalité dépend de notre mode de perception, Taibi Kahler a montré que le stress résulte de la non-satisfaction de nos besoins et motivations à cause de nos représentations et filtres qui se heurtent aux impératifs de l'environnement.

Un comportement de stress est en lien avec un besoin non satisfait ; la satisfaction entraîne un changement de **phase** et la naissance d'un nouveau besoin. Un changement de phase est progressif et permet de comprendre ses contradictions internes. Il se produit à l'issue d'une période de stress d'au moins deux ans.

Je vous propose d'identifier intuitivement vos changements de phases à partir des grands tournants de votre vie.

Pour ma part, à partir de ma base Travaillomane, j'ai vécu une phase Empathique à la naissance de mes enfants, puis une phase Persévérante lorsque je me suis retrouvée seule et que j'ai dû me battre pour construire ma vie avec indépendance. Je rentre peut-être maintenant en phase Rebelle, car les Rebelles m'amusent de plus en plus.

Les Signes de Reconnaissance calment le stress. Chaque type de personnalité a sa source de motivation, ses forces et ses faiblesses et donc a besoin de signes de reconnaissance qui lui soient spécifiques.

Comment fonctionne la chaîne cognitive limitante ?

Au départ il y a un interdit interne, venant de notre Parent interne négatif, qui génère une angoisse par la non-satisfaction de nos besoins, puis des comportements sous stress et enfin des conduites d'échec ou de sabotages.

Pour ma part mes étages Rêveur et Promoteur faibles traduisent mes croyances négatives telles que : on n'est pas là pour rêvasser ou l'argent c'est sale.

Ces croyances ralentissent aussi mes capacités de recherche et mes capacités commerciales.

Si un individu n'obtient pas de satisfaction positive, il cherchera une satisfaction négative, un bénéfice secondaire et développera un comportement inefficace, une séquence de détresse, de décompensation du stress, amplifiant le désir et niant l'obstacle.

La PCM observe qu'en situation de mé-communication, quand le sujet ne reçoit pas ce dont il a besoin, il emploie des mimiques particulières correspondant à la répétition d'un scénario de vie négatif et à des comportements d'échec, « des séquences de détresse ». C'est ainsi que le Persévérant et le Travaillomane auront un masque d'attaquant, le Promoteur et le Rebelle de blâmeur, l'Empathique et le Rêveur de geignard !

La difficulté de la vie économique et relationnelle est que la coïncidence des besoins est improbable à cause des contraintes de chacun.

Quelle est la solution ?

Il s'agit de s'assouplir pour transformer les contraintes en opportunités. Puis d'utiliser le bon canal de communication et les Signes de Reconnaissance adaptés à votre interlocuteur pour comprendre en quoi une interaction favorise ou entrave la motivation.

Car nous savons que le manager d'équipe a une fonction de transfert puisqu'il représente une figure parentale. Et nous savons aussi que le stress est en lien avec le transfert.

Quand une équipe communique de façon négative, il faut donc réguler, échanger des ressentis négatifs pour libérer l'énergie.

Le Rêveur pense pour être aimé qu'il doit être fort et a tendance au retrait lorsqu'il n'est pas reconnu dans son besoin d'**imaginer**.

- **Le Travaillomane** pense pour être aimé qu'il doit **être parfait** et a tendance à sur-contrôler lorsqu'il n'est pas reconnu dans ses **compétences.**
- **Le Persévérant** pense pour être aimé qu'il doit **être parfait** et a tendance à partir en croisade lorsqu'il n'est pas reconnu dans son besoin d'exprimer ses **convictions.**
- **Le Rebelle** pense pour être aimé qu'il doit **faire des efforts** et a tendance à critiquer lorsqu'il n'est pas reconnu dans son désir **de liberté.**

- **Le Promoteur** pense pour être aimé qu'il doit **être fort** et a tendance à manipuler s'il n'est pas reconnu dans son désir **d'action.**
- **L'Empathique** pense pour être aimé qu'il doit **faire plaisir** et accumule les sauvetages s'il n'est pas reconnu dans ses **sentiments.**

Voici sur un premier tableau les questions existentielles que chaque type se pose de façon dominante et les mécanismes d'échec que cela peut entraîner si ce type n'adopte pas la position de vie progressive vue à la clé 4.

Les questions existentielles	Les mécanismes d'échec
Suis-je voulu ?	le Rêveur se replie
Suis-je compétent ?	le Travaillomane sur-contrôle
Suis-je digne de confiance ?	le Persévérant part en croisade
Suis-je acceptable ?	le Rebelle bâcle
Suis-je vivant ?	le Promoteur sème la zizanie
Suis-je aimable ?	l'Empathique fait des sauvetages

Voici sur un second tableau le message contraignant qui habite chaque type face à sa question existentielle dominante s'il n'adopte pas la position de vie progressive vue à la clé 4. À chaque message correspond un canal de communication approprié à utiliser afin qu'il retrouve une énergie positive.

Les questions existentielles	Le message contraignant	Le canal de communication approprié
Suis-je voulu ?	Sois fort	Management directif
Suis-je compétent ?	Sois Parfait	Management informatif
Suis-je digne de confiance ?	Sois Parfait	Management informatif
Suis-je acceptable ?	Fais effort	Management délégatif
Suis-je vivant ?	Sois fort	Management directif
Suis-je aimable ?	Fais plaisir	Management participatif

Et voici enfin sur un dernier tableau la permission appropriée à donner afin que chaque type retrouve une énergie positive.

Les questions existentielles	Les permissions à donner
Suis-je voulu ?	le Rêveur : permission de sentir
Suis-je compétent ?	le Travaillomane : permission de faire des erreurs
Suis-je digne de confiance ?	le Persévérant : permission d'être proche
Suis-je acceptable ?	le Rebelle : permission d'être soi-même
Suis-je vivant ?	le Promoteur : permission de faire confiance
Suis-je aimable ?	l'Empathique : permission de se faire plaisir

En conclusion

La communication par abondance de signes de reconnaissance permet bien à l'énergie positive de circuler tandis que la pénurie isole, appauvrit et mène au scénario catastrophe.

2e exercice : mon « collaborateur problème » et mon risque de situation catastrophe

Imaginez un « collaborateur problème » entraînant un risque de situation catastrophe.

1. Identifiez son comportement sous stress.

....

....

....

....

....

....

2. Identifiez son besoin insatisfait.

....

....

....

....

....

....

3. Préparez un plan d'action en terme de canal de communication à utiliser et de Signes de Reconnaissance ou de Permissions à donner.

....

....

....

....

....

....

À présent, enrichissons-nous du cas d'un dirigeant opérationnel en voyage à la recherche du développement de processus de communication de qualité.

Étude de cas : une situation managériale

Monsieur F, ingénieur et conseiller d'un grand patron d'une grande entreprise du CAC 40, est très intéressé par le fait de développer une communication de qualité pour défendre ses convictions.

Je lui propose de l'accompagner à travers un voyage basé sur un questionnement pour communiquer sur ses objectifs avec responsabilité.

Je l'invite à me répondre avec la vigilance de l'Enfant en lui, et l'assure qu'il n'y aura aucun jugement de ma part mais la seule volonté de comprendre ce qui l'anime.

Quelle est la situation présente ?

Dans le photo-langage, mon état Présent pourrait être une équipe de foot sur une plage : j'ai besoin d'un temps de développement personnel pour travailler sur le développement de ma communication en général, de mon influence, la gestion de mes émotions et des conflits, mon expression orale et l'art de la négociation, en particulier.

Je définis mon comportement en retrait, en recherche de consensus et en analyse, je souhaite me forger un avis plus rapidement pour prendre position et défendre mes convictions.

Nos projets sont à la fois collectifs et ludiques et cela me plaît. Mais nos projets sont compliqués, avec des adversaires tenaces en face de nous. Cependant je sens que nous progressons petit à petit.
J'étais très timide à cause de l'éducation d'un père colérique, mais cela va mieux, je reste encore gêné dans l'improvisation et pourtant je crois avoir une bonne intuition.
En effet, en situation de crise, je sais garder mon sang-froid. Par exemple je me suis surpris moi-même lors d'un blocage du site par un puissant syndicat. J'étais seul, je suis allé parler de façon ouverte, en expliquant les risques et en m'appuyant sur l'alliance du délégué syndical qui a joué un rôle de modérateur. J'ai permis que le représentant du syndicat ne perde pas la face en lui cédant une contrepartie qui ne représentait pas de danger pour notre activité.
Je suis un homme de consensus, mais j'ai du mal à identifier des stratégies pour défendre mon objectif.
Par exemple, mon service Informatique doit renouveler un marché de sauvegarde des données qui donne toutes satisfactions. Or le service Achats bloque et veut ouvrir à la concurrence par peur du favoritisme. Je ne suis pas porteur du projet mais concerné et je ne trouve pas de solution à apporter au service des Achats.
J'ai le sentiment que les autres services ne nous font pas confiance, que nous ne sommes pas reconnus alors que nous sommes exemplaires, en terme de reporting par exemple.
Avant à la RD il y avait un climat de liberté, maintenant à la production nous vivons dans un climat militaire.

Que voulez-vous ?

Dans ce photo-langage, mon état désiré serait un saut en hauteur :
Je veux penser à moi, l'inconvénient serait de devenir trop individualiste.
Je veux changer mais je veux rester bon camarade et loyal envers mes supérieurs car j'ai besoin que l'on m'aime.
Dans un conflit, je garde des traces longtemps, je ne recolle pas les morceaux rapidement et puis aussi cela n'est pas bien de se fâcher ».

Je vous propose de vous amuser à décoder qui parle en vous quand vous parlez : les émotions de l'Enfant ou les principes du Parent ? Faites la même chose quand vous écoutez l'autre pour vous distancier de la situation et la voir plus clairement.

Parent : Est-ce de ma responsabilité ? quels sont les principes positifs et négatifs de mon Parent ?

Adulte : En ai-je les moyens ? quelles sont les informations dont je dispose ?

Enfant : En ai-je envie ? quels sont les sentiments positifs et négatifs de mon Enfant ?

Que ferais-je si je voulais vivre un échec en sabotant la situation ?

Si l'Adulte a le pouvoir, qu'allez-vous faire ?

D'après le test de la typologie Process Com Management :

Je suis Rebelle et Travaillomane en base, Promoteur et Rêveur en haut de mon immeuble.

Je suis surpris dans un premier temps par le Rebelle en base, puis finalement non, je comprends mieux mon fils !

Et mes forces sont la capacité à imaginer et à détendre. Ainsi que la puissance de travail et d'organisation.

Ma nouvelle mission de Responsable technique Achat va constituer un milieu de correction puisqu'il va falloir à la fois vendre et gérer dans le temps des problèmes complexes.

Je vais parler à mon fils de notre côté Rebelle commun et voir ce qui freine en moi le Promoteur.

Que retenez-vous de notre séance ?

Je me sens bien. Cela correspond à ce que j'attendais, un miroir pour progresser.

Je vais être vigilant dans mes échanges. Je prends conscience que je suis souvent en position de Parent Nourricier et d'Enfant Soumis, comme l'était ma mère qui me protégeait, et cela m'éloigne de mon désir profond.

Je ne vais pas refuser le conflit en affirmant, de façon Adulte, mon objectif lors de la prochaine réunion sur la sécurité.

Après avoir lu ce cas, je vous propose de revenir à votre propre questionnement, enrichi par la réflexion d'un autre.

Notes personnelles : ma communication

Quel est mon objectif ? Quels sont les risques à anticiper ?

....
....
....
....
....

Suis-je plus un humain de tête, un humain de cœur, un humain d'action dans mes comportements habituels ? Quelle est ma porte d'entrée ? Quelles forces et limites cela suppose-t-il ?

....
....
....
....
....
....

Comment être plus créatif pour mieux accepter les différences ?

....
....
....
....
....
....

Quel est le type récurrent de mon collaborateur problème ? Comment entre-t-il sous stress ? Quelles permissions lui donner pour avoir une communication de qualité ?

....
....
....
....
....
....

En résumé

Une sixième clé pour réussir dans un monde incertain consiste dans le fait de communiquer sur un objectif explicite en anticipant à partir d'un scénario catastrophe pour gérer de bonnes surprises.

Dans toute communication, nous réagissons à la relation à 80 % et au contenu à 20 %. C'est pourquoi, en management, le processus est plus important que le contenu : le manager ne peut donc pas se contenter de communication explicite ; il doit intégrer dans sa relation à l'autre de la communication implicite.

Nous avons de nombreux filtres de compréhension : il y a notre perception, notre représentation, notre intention, notre expression, ce que nous entendons et enfin ce que nous interprétons, avec de nombreuses déperditions d'information à chaque niveau. C'est pourquoi nous devons pratiquer écoute, questionnement et reformulation pour nous assurer que le message émis est reçu ; sinon c'est la porte ouverte au triangle dramatique des relations dysfonctionnelles.

Le scénario catastrophe est une projection de notre identité scénarique. Dès lors, il est essentiel de la cerner et d'y faire face pour retrouver créativité, courage et cohérence, donner un sens à sa vie en apportant sa pierre pour changer le monde qui nous entoure de façon positive.

III

RÉUSSIR DANS UN MONDE INCERTAIN, C'EST S'INCLURE DANS SON ORGANISATION

Au cours de la première partie, se centrant sur soi-même, nous avons vu l'importance de clarifier ses valeurs, ses priorités et son identité.
Puis dans notre seconde partie, se centrant sur l'équipe, nous avons pu mesurer l'efficacité de la coopération, de la gestion des émotions négatives, et de la communication sur un objectif explicite en anticipant un scénario catastrophe.
Maintenant dans cette troisième et dernière partie, je vous propose d'apprendre comment mieux trouver sa place dans un environnement économique, social, politique et culturel exigeant et incertain.
En effet la capacité à construire des alliances adaptées à la situation et la capacité à rester en éveil pour transformer contraintes en opportunités sont de précieux alliés.
C'est pourquoi, dans ce contexte mouvant, il est important de cultiver son réseau et de développer sa créativité.
C'est ainsi que « la politique vise à civiliser le combat psychologique que chacun livre avec lui-même et avec l'autre », nous dit Michel **Schneider** dans *Big Mother* (2010).

Clé 7

Développer son réseau d'alliances pour affirmer son influence et son intelligence politique

Une septième clé pour réussir dans un environnement incertain consiste à développer son réseau d'alliances pour affermir son influence : son Plan d'Organisation Politique dit POP.
En effet, face à l'incertitude externe et interne, la capacité à construire des alliances adaptées à la situation constituera notre première posture organisationnelle.
C'est pourquoi, dans ce contexte mouvant, il est important de cultiver son réseau.

Car, comme le souligne Raymond **Aron** dans ses *Mémoires*, publiées en 1983 : « Penser la politique, c'est penser les acteurs, leurs buts et leurs moyens. »
Sans ancrage dans ce qui constitue un réseau puissant et adapté, pas de sécurité, ni interne, ni externe.
L'autocoaching, c'est-à-dire la distanciation par rapport à soi-même, va nous permettre ce septième voyage intérieur...

Définition : Qu'est-ce que l'intelligence politique ?

Étymologiquement, le mot politique vient du grec *politikee* et signifie « qui organise la cité ».

Qu'est-ce qu'être responsable d'une organisation ?

Comment développer son intelligence politique ?

L'intelligence politique est donc l'intelligence du vivre ensemble. Cela implique que nous civilisions nos conflits psychiques, que nous développions des émotions positives qui à leur tour attireront des événements positifs. Celui qui développe son intelligence politique s'adapte aux situations et trouve des marges de manœuvre pour réaliser son objectif, en intégrant le facteur temps, à travers un travail de terrain.

Pour développer son intelligence politique et ses alliances, il faut donc d'abord se connaître, comprendre que les phénomènes d'influence sont habités par l'irrationnel, savoir ce que nous voulons vraiment et ce que nous pouvons apporter à l'autre.

Le leader stratège et libre d'esprit sait en effet étendre son réseau d'influence sans donner une image d'intrigant, cultive ses capacités d'influence pour gérer les résistances aux changements et comprend les systèmes d'influence pour rendre ses collaborateurs acteurs du changement.

Conformément à la théorie diplomatique de base, il sait qu'il cessera d'exister s'il s'aligne sur la puissance dominante.

Qu'est-ce qu'une influence honnête et sensible ?

L'influence implique un résultat bénéfique pour les deux parties tandis que la manipulation manifeste des conséquences négatives pour le manipulé et à plus long terme pour le manipulateur, parce que le cadre posé par le manipulateur a manqué de clarté et d'engagement.

Une personne d'influence sait convaincre par la progressivité de son raisonnement sans être froid, par son art du contact sans être trop amical, par son implication dans des solutions simples et pratiques en montrant l'exemple sans être exemplaire, car personne n'est parfait, ce qui est la condition du progrès.

Une personne d'influence dispose de réseaux efficaces, de moyens suffisants en budget, en ressources humaines, est responsable des règles qui régissent la vie collective, est chargée d'évaluer ses collaborateurs, a des possibilités de s'informer et de transmettre les nouvelles et enfin présente des résultats visibles.

Une personne d'influence connaît le style de management et les comportements adaptés suivant le mode de culture d'entreprise dans lequel il évolue. Ce mode de culture peut en effet être de type commando-directif, ou procédurière-informatif, ou encore communautaire-participatif, ou enfin réseau-délégatif.

Qu'est-ce qu'une stratégie éthique ?

En économie, on a l'habitude de dire qu'une action éthique suppose, pour chaque partenaire, le même niveau d'information.

De la même manière, en psychologie, un contrat précis, positif et possible régule les jeux psychologiques et favorise une relation Adulte et éthique.

Dès lors, une question se pose : comment être transparent sur l'essentiel et discret sur ce qui doit rester caché pour favoriser la réussite du projet ? Voilà un équilibre à trouver qui dépend de la nature de chacun.

La posture stratégique permet d'anticiper les besoins de l'autre pour générer une interaction positive : est-ce que je vais choisir la diversification pour ne pas mettre tous mes œufs dans le même panier comme Général Électrique ? le recentrage sur le cœur de métier pour être leader de mon secteur comme Total ? la délocalisation pour réduire les coûts comme Gap ? ou la proximité pour fidéliser comme Zara ?

Il s'agit donc de définir le périmètre du jeu, d'examiner les règles en vigueur, de recenser les issues en visualisant les interactions et après tout cela de ne surtout pas perdre sa fraîcheur d'enfant.

Comment établir une carte d'acteurs ? Comment chacun des acteurs utilise-t-il son influence ? Quelles sont les conséquences de leurs comportements ?

La socio-dynamique permet de clarifier l'activité en établissant une carte de typologie des acteurs pour prévoir leurs réactions.

Mon collègue Jean-Christophe **Fauvet**, psychosociologue et professeur au groupe HEC, observe les conséquences des comportements et propose des règles pour sortir du chaos et instaurer des contrats sociaux explicites.

Observez le schéma suivant :

Schéma n° 5 sur la socio-dynamique élaboré par Jean-Christophe Fauvet
issu de travaux de psychologie systémique

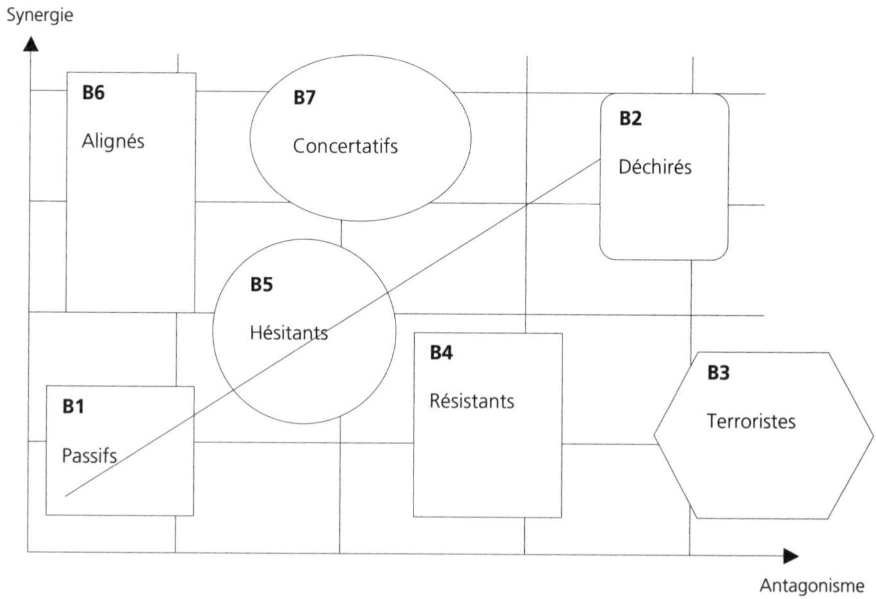

Sur l'axe vertical, on note l'intensité de la synergie mise en œuvre par les acteurs concernés dans un projet donné et sur l'axe horizontal l'intensité de l'antagonisme mis en œuvre par les acteurs concernés dans un projet donné. En croisant les différentes possibilités, on obtient sept groupes d'acteurs : les alignés, les concertatifs, les passifs, les hésitants, les déchirés, les résistants et les terroristes.

En effet, quand deux personnes travaillent ensemble, si A est chef de projet et B acteur du projet, il y a soit synergie, c'est-à-dire un jeu commun et un crédit d'intention, soit antagonisme, c'est-à-dire un jeu personnel et un procès d'intention.

En fait nous sommes un mélange complexe à chaque instant de ces deux tendances. Il s'agit donc de nous interroger sur la résultante.

On peut dépenser une énergie considérable dans la symbiose et devenir un béni-oui-oui (position B6) ou dépenser une énergie considérable dans l'antagonisme et agir comme un opposant irréductible : (positions B3 Terroristes et B4 Résistants).

On peut aussi ne dépenser aucune énergie et se placer parmi les non-engagés (B1 Passifs) ou les hésitants (B5). Les B2 Déchirés sont, comme l'âne de Buridan, partagés entre deux forces contraires, imprévisibles et difficiles à gérer.

Le triangle d'or, c'est ainsi qu'on a pris l'habitude de le nommer, est constitué par les acteurs situés en B7 dits Concertatifs. Ces derniers présentent une synergie supérieure à la synergie simple. Il est possible de s'appuyer sur eux car ils sont à la fois en alliance et objectifs.

On observe donc trois stratégies possibles :

- La stratégie **d'attente** des hésitants : B1, B2, B5. Face à eux, le chef doit avoir un discours de **négociateur**.
- La stratégie **d'opposition** des résistants : B3, B4. Face à eux, le chef doit avoir un discours de **fermeté**.
- La stratégie de **coopération** des sympathisants : B6, B7. Face à eux, le chef doit avoir un discours **fédérateur**.

Pour un chef de projet, il s'agit de recenser l'ensemble des acteurs, puis de mettre en place des stratégies adéquates :

- se **rapprocher de ses alliés** en les prenant comme ils sont : B6 B7 ;
- **rallier les hésitants** sans chercher l'accord à tout prix : B5 ;
- rallier les non-engagés en ayant une éthique et en partageant : B1 ;

- laisser vivre les **opposants** et les révoltés en s'appuyant sur le pouvoir normatif, sans procès d'intention : B4, B3.

Qu'est-ce que l'intelligence stratégique ?

Que nous apprend la philosophie orientale, que je trouve très opérationnelle en entreprise, sur l'intelligence stratégique ?

Nous l'avons évoqué dans notre clé 2 sur les priorités, approfondissons cette notion d'intelligence stratégique, tellement précieuse en entreprise.

D'après **Sun Tzu,** il existe deux clefs pour durer et pour réajuster souplement ses priorités : l'économie des actions car l'affrontement est coûteux, et l'écoute de l'environnement car les blocages ne servent à rien.

Il y a toujours un moyen d'agir lorsque l'on garde l'esprit libre et conscient des renversements possibles. La véritable stratégie n'est pas manipulation mais sagesse qui commence par le recul sur soi et la connaissance des convictions et valeurs de l'autre.

La maîtrise d'un territoire ou invincibilité dépend de soi, de la fluidité de la communication interne, de la confiance qui unit un pouvoir juste à ses sujets alors que les occasions de victoire sont fournies par les erreurs adverses.

Pour lui et dans la ligne de Lao-tseu, la stratégie s'enracine dans une philosophie dont la loi de base est celle de la circulation de l'énergie, la transformation permanente du yang en yin, du masculin en féminin, qui sont à la fois relatifs et interdépendants. Il s'agit de distinguer les prémices de ce changement incessant pour ne pas le subir.

Cette conception de la stratégie requiert une vision globale fondée sur l'interdépendance et la transformation. À l'inverse du mode stratégique occidental basé sur le rapport de force, elle est à l'image de l'eau d'essence indirecte, elle va du féminin vers le masculin, du vide vers le plein, de la réceptivité pour ouvrir le monde des possibles vers l'action. C'est ainsi qu'une force est le produit d'une faiblesse passée que l'on a transformée.

Pour durer et transformer le temps en espace, il faut épouser les flux, comme l'eau fuir les hauteurs, c'est-à-dire éviter les résistances, et lire la situation en terme de creux et de pleins en remplissant les creux, c'est-à-dire en collant au contexte.

Sun Tzu dénombre vingt-quatre stratagèmes d'Intelligence Stratégique, classés en quatre catégories

- les stratagèmes d'emprise ;
- les stratagèmes de fil du rasoir ;
- les stratagèmes d'attaque ;
- les stratagèmes de la dernière extrémité.

Examinons-les successivement, à travers des métaphores inspirées de *L'Art de la guerre*, mais qui peuvent être transposées dans d'autres domaines, politique, économique, professionnel et même personnel.

Six stratagèmes d'emprise

Ils peuvent être mis en place lorsque l'on se trouve en position haute, que l'on peut prendre l'initiative pour dicter les règles tout en gardant un jeu qui ne soit pas trop prévisible.

1. Cacher dans la lumière = Aveugler

Ce qui est familier n'attire pas l'attention, c'est souvent en pleine lumière que le secret est le mieux gardé.

La métaphore de l'îlot artificiel pour se déplacer : Élaboré par le conseiller stratège, ce stratagème trompe l'ennemi situé en face et sécurise son empereur.

2. L'eau fuit les hauteurs = Déplacer

Il s'agit de construire sa victoire en se réglant sur l'ennemi et, en situation de conflit, d'utiliser la faiblesse au lieu de combattre la force.

La métaphore des trois tribus. Ici le plus fort attaque le plus faible et le dernier attend que le plus fort manifeste sa vulnérabilité. Il attaque donc dans le vide de la défense de la capitale du plus fort, puisque ce dernier était parti attaquer le plus faible. Ainsi il gagne sur deux tableaux : à la fois respecter son engagement avec le plus faible et se servir en même temps.

3. Le potentiel des autres = Contextualiser

Il s'agit, pour réaliser quelque chose, de faire en sorte que nos ennemis le fassent pour nous. Il s'agit donc de saisir de comprendre les enjeux de chaque acteur, de comprendre la logique qui lie leurs objectifs et leurs moyens et d'agir avec la plus grande discrétion.

La métaphore du groupe pharmaceutique : un groupe pharmaceutique veut promouvoir un nouveau produit. Il attend que journalistes, médecins, patients œuvrent objectivement aux objectifs de son groupe industriel, en créant un espace de discussion valorisant le produit à vendre, sans intervenir lui-même.

4. Les vases communicants = Jouer la montre

Le stratège attire l'ennemi et ne se fait pas attirer par lui. Il attend que se retourne le rapport de force, pour éviter de jouer yang contre yang. Il ne réagit pas car cela revient à subir. En Chine, on dit que l'homme a l'apparence de la force mais que la femme le domine par une secrète volonté sur le long terme.

La métaphore de la victoire aux élections : un élu sortant attend, pour se déclarer, d'être fort d'une vision globale en s'appropriant progressivement les arguments de ses opposants.

5. Jouer le chaos fertile = Saisir avec agilité l'opportunité

Les occasions de victoire sont fournies par les erreurs adverses, tandis que l'invincibilité dépend de soi.

La métaphore de l'ambitieux : l'ambitieux ne choisit pas le parti rouge, donné gagnant, donc plein, mais le parti bleu, donné non gagnant, donc vide, car il semble plus porteur à terme de solutions d'avenir.

6. La stratégie adore le vide = Jouer le leurre

Il s'agit de clamer à l'est et d'attaquer à l'ouest, c'est-à-dire de surprendre, de ne pas être là où nous sommes attendus.

La métaphore du siège : Ici on observe que, lors d'un siège interminable, l'apparence trompeuse du vide de l'ouest et du plein de l'est, organise la vulnérabilité de l'ennemi. En effet, ce dernier avait préparé sa défense à l'est en négligeant imprudemment l'ouest.

Six stratagèmes de fil du rasoir

Ils peuvent être adoptés lorsque l'on se trouve en équilibre instable avec des bifurcations et des renversements possibles.

7. Créer à partir de rien = Inventer

Toute chose dans l'univers a été créée à partir de quelque chose qui a été créé du néant.

La métaphore de l'illusion : un conseiller crée une illusion à travers un mensonge. Il sait défendre auprès de son employeur une cause et son contraire, et ainsi s'enrichit pour lui-même tout en servant son employeur.

8. Vaincre dans l'ombre = Détourner

Il s'agit d'attaquer en pleine lumière et de vaincre dans l'ombre.

La métaphore de la défaite de la Montagne face à la Plaine : En pleine lumière, la Plaine fait réparer le pont détérioré par la Montagne et, en secret, attaque son adversaire en l'envahissant par un chemin escarpé.

9. Profiter de l'aveuglement = Accroître

Le stratège maîtrise l'art du délai en profitant de la perte de la vision d'ensemble des protagonistes.

La métaphore du martin-pêcheur et de l'huître : Les deux animaux s'obstinent dans leur affrontement. Cette posture leur nuira et profitera aux autres animaux présents, les hiboux et les crevettes.

10. Le sourire du tigre = Adoucir

Qui n'a que le miel sur ses lèvres cache le crime dans son cœur.

La métaphore du dictateur : Dans un premier temps, un dictateur fait exécuter publiquement ceux qui lui conseillent d'attaquer son voisin. Puis, dans un second temps il annexe brutalement ce dernier. D'où venait sa vulnérabilité ? Celui-ci était rassuré par les promesses mensongères du dictateur et avait renvoyé son propre conseiller.

11. Qui sait perdre gagne = Sacrifier

Il s'agit de perdre petit et délibérément pour gagner gros, de sacrifier les détails pour réaliser de grands desseins.

La métaphore du procès : Lors d'un procès aux assises, on garde le meilleur avocat pour la fin.

12. La chance se construit = Profiter

Le stratège s'adapte aux variations de la situation de l'ennemi pour obtenir victoire avec flexibilité et détermination. La stratégie se nourrit plus de créativité que de rapport de force.

La métaphore du jeune diplômé : Ici un jeune diplômé interroge longuement tous les acteurs concernés pour enrichir son projet et adapte sa proposition à la réalité qu'il découvre.

Six stratagèmes d'attaque

Ils sont utiles dans les situations de danger où il faut maîtriser l'offensive car ils font appel à la règle d'économie qui permet d'obtenir beaucoup en investissant peu.

13. La pince des louanges = Révéler

Il s'agit de faire s'envoler la méfiance avec des louanges puis de saisir avec des pinces quand les acteurs se découvrent en situation de vulnérabilité.

La métaphore de la nouvelle dynastie : un Premier ministre ambitieux, voulant créer une nouvelle dynastie, cherche à « battre l'herbe pour faire sortir les serpents », afin de connaître les intentions de chacun à la Cour. Il offre au jeune roi un cerf en le qualifiant de cheval. Les courtisans qui ne relèvent pas la mystification sont des lâches et non des alliés véritables. C'est ainsi qu'il peut visualiser ceux sur lesquels il peut compter.

14. Le pouvoir du passé = Réincarner

Celui qui peut encore agir pour son propre compte ne se laisse pas utiliser. Celui qui ne peut plus rien faire supplie qu'on l'utilise. La vie est un éternel recommencement : Œdipe devient le nom d'un complexe, Thalès d'une entreprise, Schopenhauer d'un logiciel.

La métaphore de la nouvelle religion : Une nouvelle religion a tendance à émerger en intégrant les anciennes et en se posant comme synthèse supérieure.

15. La victoire par la situation = Surprendre

Le général ne demande pas la victoire à ses soldats mais à la situation. L'attaque frontale est suicidaire, c'est l'adéquation au contexte qui prime.

La métaphore du choix de la typologie de la situation par Xénophon : Ici l'ennemi est obligé de se situer dans la plaine, ce qui lui permet de battre en retraite et de fuir. De l'autre coté, les propres troupes de Xénophon sont acculées devant la montagne et obligés de se battre comme des enragés. C'est ainsi que l'ennemi fuit tandis que Xénophon se bat et gagne.

16. Lâcher pour saisir = Retourner

Il s'agit, avant de prendre, de donner. Avant d'attaquer, il faut laisser partir. Plutôt que d'acculer, il faut laisser une porte de sortie.

La métaphore du siège d'Alexandre : Au cours d'un siège, Alexandre le Grand feint la lassitude tout en mettant en place une embuscade. Cela lui permet de capturer les fuyards vulnérables et de conquérir la ville.

17. Du plomb pour de l'or = Investir

Il s'agit d'abandonner un avantage momentané pour assurer une victoire durable ultérieure car « tout flatteur vit aux dépens de celui qui l'écoute ».

La métaphore de la rencontre de l'obscur universitaire avec le professeur Nobel : Cette rencontre a été permise par la secrétaire à tendance cerbère mais qui avait été flattée au préalable par l'obscur universitaire.

18. Le poisson pourrit par la tête = Viser

Le sage montre la lune, le fou regarde le doigt. Une armée sans espion est comme un corps sans oreilles. Dans une situation complexe, l'économie consiste à s'attaquer aux intentions en premier.

La métaphore de la vision : c'est ainsi qu'un programme mobilisateur sert de boussole quotidienne pour améliorer les performances sur le marché.

Six stratagèmes de la dernière extrémité

Ils permettent de se sortir de situations d'impasse, de chaos, en ayant recours à des paradoxes ou des inversions.

19. Travailler en montagne = Préparer en amont

Il s'agit d'œuvrer là où naît la puissance pour durer car la faiblesse l'emporte à terme sur la force et est plus économique. Il est en effet plus économique de s'attaquer à la racine des phénomènes qu'à leur manifestation.

La métaphore de la demande du reporter au sage : « Qu'est-ce qui nous distingue, Européens et Africains ? » demande le reporter. Le sage répond par une autre question : « Peux-tu me décrire ce majestueux baobab ? » Dans leur échange, on note que le reporter voit les branches yang tandis que le vieux sage africain voit les racines yin. Voilà la différence recherchée et la leçon de profondeur enseignée.

20. La confusion opportune = Créer pour clarifier

Les temps difficiles créent les héros, l'incertitude profite aux créatifs.

La métaphore de la femme habile : Une femme est dans une file d'attente d'une boutique quand survient un braqueur qui demande à la caissière sa réserve de liquidités. La femme, en prenant la défense du braqueur, sauve ses économies, achète le cadeau qu'elle souhaitait offrir à son fils, après un détour à la pâtisserie pour se remettre de ses émotions.

21. Enrôler la force adverse = Dramatiser

Il s'agit d'être crédibles et de rendre vos adversaires crédules car le pouvoir suscite la cécité.

La métaphore du renard et du lion : le renard est menacé d'être mangé par le lion. Le renard lui demande alors de l'accompagner dans la jungle pour constater son influence et l'utiliser au lieu de le manger. En effet le lion incrédule mais docile voit les gnous détaler devant le renard, sans se rendre compte que c'est lui qui provoque cette peur.

22. Rendre l'inutile indispensable = Retourner

Il s'agit d'aller à vide et de revenir à plein. C'est ce que l'on appelle aujourd'hui la technique du pied dans la porte :

La métaphore du retournement de situation : Dans un trio composé d'un chômeur, d'un ami harassé de travail et d'une épouse délaissée, le chômeur crée son avenir. Comment ? En remplissant le vide laissé par l'époux et en créant des liens d'amitié avec l'épouse.

23. La faveur fatale = Vider

Il s'agit de garder en mémoire la maxime de l'empereur Marc Aurèle : « Donne-moi la sérénité d'accepter ce que je ne peux changer, le courage de changer ce que je peux changer et la sagesse de discerner les deux ».

La métaphore de l'entente cordiale : Un président, ayant perdu les élections, attend un certain temps avant la reprise de l'attaque du nouveau Premier ministre, issu du parti gagnant.

24. La déception paradoxale = Surprendre

Il s'agit de garder en mémoire que lorsque le roi est nu, parader est le seul atout qui lui reste.

La métaphore de la retraite de l'ennemi à la supériorité écrasante devant le général affaibli jouant du luth tranquillement : Cette étonnante posture peut déstabiliser l'ennemi et le faire perdre malgré sa force.

Gardons en mémoire, après avoir identifié ces quatre grandes typologies de situation, que « la vie est un combat, menons-le dignement, la vie est un cadeau, acceptons-le avec gratitude », comme le rappelait Gandhi, marqué par la psychologie hindouiste.

N'oublions pas non plus que, dans la civilisation gréco-romaine, qui représente un pont entre Orient et Occident, Athéna, déesse de la Sagesse, du Combat et de la Paix, est fille de Jupiter et de Métis, la ruse...

D'après Edgar Morin, pour comprendre la complexité qui caractérise la mondialisation, il faut introduire le sens des interactions, l'acceptation de l'incertitude et celle de la nature contradictoire de l'homme. Toutes choses que la pensée orientale préconise. En effet son écriture par idéogrammes, contrairement à notre écriture alphabétique, analytique et abstraite, incline vers la pensée globale et pragmatique.

Quelle est la méthode qui va nous permettre de répondre à la question posée précédemment, à savoir développer son intelligence politique et son réseau d'alliance, en observant les prémices du changement incessant, en nous ouvrant à nos dimensions moins conscientes ?

Exercice sur le Plan d'Organisation Politique (POP)

Il s'agit d'établir un schéma afin de visualiser les enjeux des différents acteurs qui interfèrent dans le projet que nous souhaitons mettre en œuvre.

Sur l'axe vertical, on notera l'intensité de l'influence de chacun et sur l'axe horizontal on notera si l'acteur concerné est favorable ou défavorable à notre projet.

Prenons directement un cas de dirigeant opérationnel pour expliciter ce voyage à la recherche du développement de l'intelligence politique, qui vous servira ensuite de modèle pour établir votre propre carte d'organisation politique.

Étude de cas : une situation managériale

Madame G souhaite développer son sens politique.

Je lui propose de l'accompagner à travers un voyage basé sur un questionnement pour élaborer sa carte d'acteurs. Je l'invite à me répondre avec l'énergie de l'Enfant en elle, et l'assure qu'il n'y aura aucun jugement de ma part mais la seule volonté de comprendre ce qui l'anime.

Quels sont les différents enjeux de la situation que vous vivez ?

Je suis célibataire, ingénieur, dirigeante, anime une équipe de soixante-dix agents dans deux départements, dans le cadre d'un management matriciel et d'un climat social difficile.

À la suite de mon entretien annuel, je conviens que je dois travailler sur ma confiance en moi, ma capacité à m'exprimer et à vendre mes idées.

Je conviens que j'ai déjà vécu cela sur un plan personnel depuis longtemps et souhaite trouver plus de confort relationnel. Je veux prendre ce temps de recul pour réfléchir sur mes motivations professionnelles et moins vivre de façon affective.

Gérer des contraintes techniques, financières ou commerciales ne me pose aucun problème. En revanche, gérer un comité de direction me semble plus délicat, car j'ai en face de moi des gens plus âgés, plus hauts dans la hiérarchie, ayant davantage de recul et étant plus rompus aux jeux de pouvoir.

Ce coaching me fait prendre conscience d'apprentissages à faire, apprentissages que ces personnes ont faits progressivement avant moi, au niveau du développement de l'assertivité, de la gestion du temps et du stress.

Je constate que ces personnes sont moins en contact avec le terrain, c'est pourquoi ils attendent de moi de l'information, mais aussi qu'ils gardent leurs forces davantage pour leur carrière que pour faire progresser le groupe.

Je me dis parfois « tu aurais dû te taire, tu as choqué, c'est dommage » ou encore « tu as travaillé pour les autres, qu'as-tu fait pour toi ? » Je suis consciente qu'il faut faire sa pub et garder son sang-froid.

Récemment j'ai été convoquée par le directeur de centre Y, qui voulait me sermonner, car j'ai favorisé le directeur de portefeuilles X dans la transmission d'information. Je me sentais maîtresse de moi-même, adulte devant un adulte de cinquante ans, prenant ma place en gardant mon style, ce fut une grande victoire pour moi.
Je cherche à comprendre les personnalités, les jeux de pouvoir, les portefeuilles métier car il y en aura de moins en moins et que chacun jouera sa place. Je cherche à accepter mon ambition de prendre ma place en respectant mes valeurs ».

Les enjeux de l'entreprise

L'entreprise change sur trois points essentiels :
- *Ouverture des marchés à la concurrence*
- *Fusion de concurrents*
- *Filialisation du secteur*

Les enjeux sont de deux ordres :
- *L'image de marque : la commission jugera si l'entreprise a réussi l'ouverture des marchés en étant non discriminante avec les fournisseurs et en gérant les accidents techniques et les syndicats.*
- *Les coûts : la mise en place d'une culture de gestion par la correction sur le manque de productivité des agents, sur le coût des syndicats et sur le contrôle qualité de l'externalisation.*

Les opportunités de se rapprocher d'une entreprise normale reposent sur la mobilité fonctionnelle et l'intéressement des agents aux résultats.
Les obstacles sont liés aux futures élections et à la démagogie de certains partis qui souhaite re-nationaliser pour baisser les prix, malgré les directives.
Ces trois facteurs reliés entre eux obligent à évoluer. L'entreprise doit subir une restructuration décisive afin de prospérer tout en évoluant.
Les changements sont nécessaires et utiles à mes objectifs de groupe : par exemple, je souhaite récupérer une activité pour la donner à mes agents afin de garder une taille critique de groupe. Actuellement cette activité est faite par le service exploitation à des coûts bien supérieurs à ceux que je peux proposer.
À titre personnel, j'ai envie d'avoir accès à de l'information sur l'évolution de l'entreprise, des centres départementaux et des portefeuilles métier.

En effet la hiérarchie portefeuille peut me donner de l'information pour avoir une longueur d'avance si certaines activités sont externalisées, ce qui me permettra de préparer ma communication.

Les centres sont amenés à disparaître, le directeur de portefeuilles deviendra l'employeur ; cependant aujourd'hui l'information informelle est encore dans les centres de proximité.

Le descriptif des enjeux des acteurs

- *X : Directeur du portefeuille basé dans la ville de R*
- *Y : Directeur de centre basé dans la ville de P*
- *Z : Adjoint d'X*
- *W : DRH de P Y*

1. Directeur de portefeuille : X

- *Caractère : empathique*
- *Programme professionnel de travail : construction de portefeuille*
- *Programme personnel : que chacun trouve sa place*
- *Relations : Bonne avec G et Z, mauvaise avec Y*

2. Directeur de centre : Y

- *Caractère : persévérant, politique*
- *Programme professionnel de travail : rester directeur à A*
- *Programme personnel : ne veut pas déménager, calcule ses risques*
- *Relations : Ses relations sont bonnes avec sa DRH (W), mauvaises avec X et Z, neutre avec G*

3. Directeur adjoint : Z

- *Caractère : travaillomane*
- *Programme professionnel de travail : Construction du portefeuille et de sa carrière, il a déjà 50 ans.*
- *Programme personnel : Il a souffert de ne pas être reconnu.*
- *Relations : bonnes avec X, mauvaises avec Y et W, neutres avec G*

4. DRH : W

- *Caractère : promoteur, elle est axée sur le réseau mais elle déçoit*
- *Programme professionnel de travail : met en avant sa carrière, veut aller très haut et très vite, elle a déjà 40 ans.*
- *Programme personnel : elle ne veut pas se mouiller, c'est toujours de la faute des opérationnels*

- *Relations : Ses relations sont bonnes avec Y car il est politique et peut l'aider, elle lui fait la cour, mauvaise avec X qu'elle juge trop terrain, neutre avec G.*

5. Chef de Groupe : G

- *Caractère : persévérant*
- *Programme professionnel de travail : Trouver sa place en agrandissant son territoire, être directeur adjoint dans 5 ans, directeur de portefeuille dans 10 ans, à 40 ans*
- *Programme personnel : garder un équilibre familial et social, cibler les départements de mobilité.*
- *Relations : bonnes avec X, neutres avec Y, Z et W*

Voici les enjeux des acteurs rassemblés sous forme de tableau :

*1. Qui sont les **acteurs**-clés ?*		X	Y	Z	W	G
*2. Quel pouvoir d'**influence** ont-ils ?*	***Intensité de l'influence*** *organisationnelle de 1 à 10 1 = faible 10 = élevé*	9	8	7	6	4
3. Dans quelle orientation exercent-ils leur influence ?	***Orientation*** *de **l'influence** exercée de – 10 à 10 – 10 = contre 10 = pour*	9	8	7	0	10
4. Avec quelle facilité peuvent-ils changer leur influence exercée ?	*Capacité à changer d'influence exercée :* ***Flexibilité*** □ = faible ❍ = moyenne △ = élevée	□	❍	❍	△	❍
*5. Quelles sont les **relations** significatives existantes ?*	**Relations** personnelles + *: bonnes* – *: mauvaises* = *: neutres*	– avec Y et W + avec Z et G	+ avec W – avec X et Z = avec G	+ avec X – avec Y et W = avec G	+ avec Y – avec X = avec G	+ avec X = avec Y, Z et W

Ces éléments peuvent ensuite être schématisés en une carte des acteurs.

Schéma n° 6 sur le plan d'organisation politique
élaboré à partir des travaux de Joël de Luca et Gregor Gardner
issu de la psychologie systémique

La carte des acteurs de Madame G :

Orientation de l'influence exercée

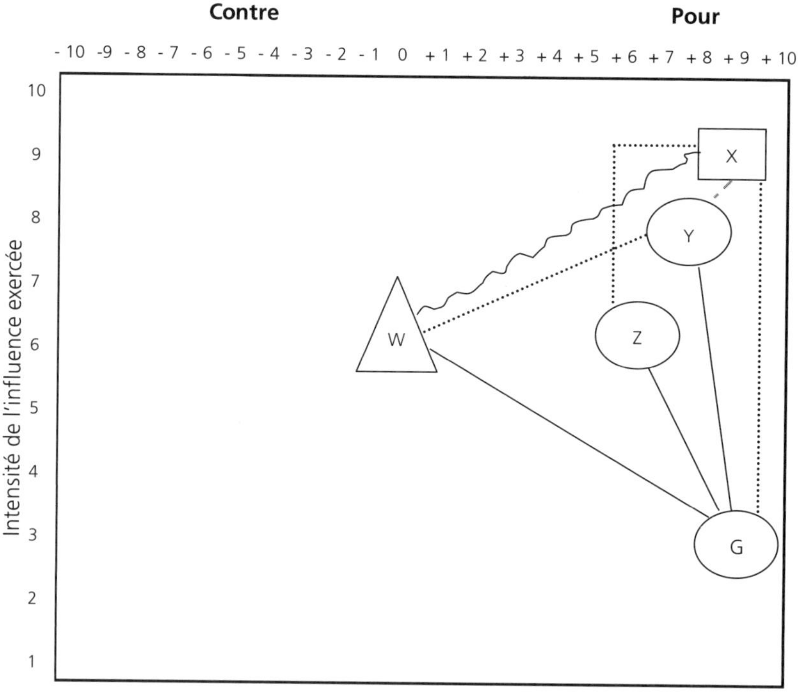

Capacité à changer d'influence exercée : □ = faible ; ○ = moyen ; △ = élevé
Relations entre les acteurs : —— = positives ; ------- = neutres ; ∿∿ = négatives

Quel sera, au regard de cette carte d'acteurs, votre plan d'action ?

Poser les choses sous forme de schéma rend lisible ce qui ne l'était pas en parlant et fait du bien.

Différents groupes d'acteurs apparaissent avec lesquels je vais développer des stratégies relationnelles différenciées.

X est le plus influent, le plus pour le projet, et le plus proche : il faut maintenir la relation, il est sensible, il ne faut pas le décevoir.

En revanche, cela ne sert à rien de se fatiguer avec W, les efforts ne seront pas récompensés, je ne sens pas la droiture.

C'est avec Y que j'ai le plus gros travail à faire, il est influent, il faut veiller à ne pas être pris dans son jeu avec W et Z.

Avec Z, il faut agir avec prudence, il a de l'information provenant d'X, nous serons peut-être concurrents bientôt.

J'ai bien compris que ma situation peut engendrer de multiples retournements, c'est pourquoi je vais faire preuve de patience et d'imagination pour accepter de perdre un peu et de gagner davantage.

En début de coaching, je ne savais pas où j'allais arriver, je me mettais la pression, maintenant les morceaux du puzzle se rassemblent, de chaque événement, je retire davantage ».

Après avoir accompagné Madame G à la recherche du développement de son intelligence politique, je vous propose d'utiliser à votre tour ces différentes étapes.

1. Le descriptif des enjeux des acteurs pour comprendre les motivations de chaque personne impliquée dans votre projet.

....

....

....

....

....

....

....

....

....

....

2. La carte des acteurs pour visualiser vos alliés dans votre projet.

Schéma n° 7
Votre carte des acteurs

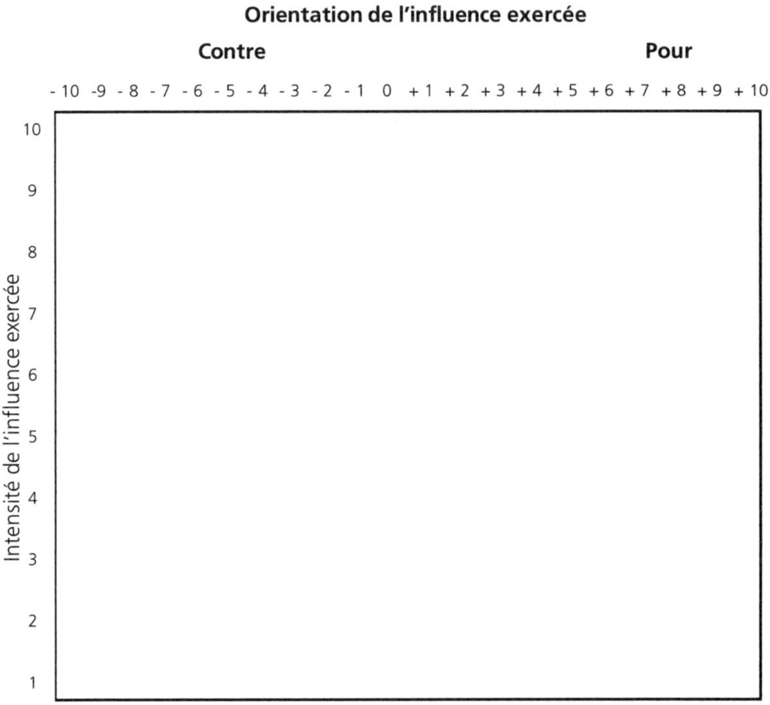

Capacité à changer d'influence exercée : □ = faible ; ❍ = moyen ; △ = élevé
Relations entre les acteurs : —— = positives ; ------- = neutres ; ∿∿ = négatives

3. Votre plan d'action pour réussir dans votre projet.

....

....

....

....

....

En effet, dans ma pratique auprès des dirigeants, après avoir fait un détour par la socio-dynamique de Fauvet et l'intelligence stratégique de Sun Tzu, à travers des citations qui constituent un point de départ pour une réflexion collective, j'ai recours à cette approche systémique, élaborée à partir des recherches de Joel de Luca et Gregor Gardner, pour élaborer notre propre carte d'acteur, et sentir que, sans compréhension des motivations de l'environnement et sans alliances, on ne peut pas grand-chose...

Notes personnelles : mon plan d'organisation politique

Dans le cadre de mon projet, intitulé :

....

Qui sont les acteurs impliqués ?

....

....

....

Quelle est leur influence ?

....

....

....

....

Quels sont leurs liens ?

....

....

....

....

Sont-ils pour ou contre mon projet ?

....

....

....

....

En résumé

Une septième clé pour réussir dans un environnement incertain consiste à développer son réseau d'alliances à travers son Plan d'Organisation Politique (POP).

La sociodynamique permet de clarifier l'activité en établissant une carte de typologie des acteurs, suivant leur degré de synergie ou d'antagonisme avec votre projet, pour prévoir leurs réactions et proposer des règles afin de sortir du chaos et instaurer des contrats sociaux explicites.

Dans le cadre de mon projet :

- Qui sont les acteurs ?
- Comment est-ce que chacun des acteurs utilise son influence ?
- Quelles sont les conséquences de leurs comportements ?
- Quels sont les liens entre les acteurs ?
- Comment créer des synergies pour accroître mon influence ?
- Comment s'appuyer sur son triangle d'or ?
- Comment rallier les neutres ?
- Comment rappeler les règles aux opposants ?

Clé 8

Développer sa pédagogie de dirigeant et penser à travers une histoire simple et crédible

Une huitième clé pour réussir dans un environnement incertain consiste à penser à partir du futur, en s'appuyant sur le passé, à travers une histoire simple et crédible.
Face à l'incertitude externe et interne, la capacité à élaborer des mythes et des rites correspondant à nos valeurs, constitue notre seconde posture organisationnelle.

C'est pourquoi, dans ce contexte mouvant, il est important d'entraîner ses collaborateurs à travers une histoire singulière qui fasse rêver, qui réenchante le quotidien.
Car, comme le souligne le sociologue altermondialiste Pierre **Bourdieu**, dans *Ce que parler veut dire*, publié en 1982 : « Les gens adorent les histoires, des histoires qui racontent *a posteriori* des logiques de vie réaménagées. » Autrement dit les différentes stratégies de socialisation que nous mettons en place pour lutter conte la « violence symbolique » de la hiérarchie sociale peuvent être traduites en récits.
Sans ancrage dans ce qui constitue une histoire à la fois adaptée et positive, pas de sécurité, ni interne, ni externe.
L'autocoaching, c'est-à-dire la distanciation par rapport à soi-même, va nous permettre ce huitième voyage intérieur...

Définition : Qu'est-ce que le charisme ?

Étymologiquement, le mot « charisme » vient d'un mot sanskrit *caruna* qui signifie « caresse » puis d'un mot grec, *Kharisma* qui signifie « cadeau ».

Le charisme résulte à la fois de présence à soi et de lien avec l'autre.

La vie humaine est complexe à cause de l'ambivalence fondamentale de l'âme. L'entreprise est complexe à cause de la multiplication des enjeux dans la mondialisation. La simplification du message est donc ce qui permet le mieux de cheminer dans cette complexité. Dès lors comment écrire une histoire simple et crédible ?

Le charisme se traduit d'abord par un esprit d'attention à soi. Cela implique donc d'avoir un recul par rapport à soi qui donne accès à la spontanéité et à la position juste de ce qui peut se faire à un moment donné. Le charisme vient alors d'une acceptation de ses forces et faiblesses : pour certains il est fait de passion, pour d'autres de flair, pour d'autres enfin de capacité de synthèse. À chacun son style et son charme.

Le charisme se traduit ensuite par un esprit de générosité envers l'autre. Il se manifeste par une posture qui souligne le talent de l'autre, qui la valorise. C'est ainsi, par cette création de lien permettant l'esprit de coopération, que notre message peut toucher l'autre, le convaincre et le dynamiser.

Que nous apprennent les philosophes pour réussir dans un monde incertain, pour mener une « vie bonne » et développer notre charisme ?

Écoutons le message de philosophes qui se sont attachés à la justesse de l'art oratoire, art majeur par excellence.

Pour Platon, persuader est l'art du sophiste qui privilégie la forme sur le fond et flatte pour mieux manipuler alors que **convaincre** est l'art du philosophe qui privilégie le fond sur la forme et est à la recherche de démonstration réaliste et positive plus que de séduction.

« Quand vient la **démagogie**, le champ de ruine se profile », nous dit également Charles **Péguy**, poète social-chrétien, dans *Dialogue de l'histoire et de l'âme charnelle*, publié dans ses œuvres posthumes.

Et rappelons-nous que l'étymologie de « séduire », du latin *se-ducere*, signifie « conduire contre la volonté », ce qui est une posture délicate pour garder son cap et aider l'autre à le garder.

Comment construire une histoire qui soit rassurante et mobilisante pour ses collaborateurs ?

Il s'agit de traduire sa sécurité ontologique par les trois clés du développement de soi. Le charisme est en effet lié au développement de soi et à la gestion de ses peurs, peur de ne pas être important, de ne pas être compétent, de ne pas être aimable. Car une estime de soi faible donne des peurs d'être ignoré, humilié, rejeté. Il s'agit donc de travailler d'abord sur ses désirs, ses valeurs et ses ressources pour développer présence, contrôle, sincérité, puis sur l'intention positive de ses comportements, et enfin sur les permissions à se donner d'exister, de ressentir, de penser et de réussir, pour dépasser ses peurs et sa dépendance vis-à-vis du regard de l'autre.

D'après le psychologue Will **Shutz**, à travers ses recherches sur le *Parler vrai*, c'est le dépassement de nos trois peurs de base qui est la condition essentielle de la mise en place de la confiance en soi et de l'engagement de l'autre. Pour lui, le développement personnel d'un dirigeant reprend le même processus que le développement du petit enfant dans sa famille. C'est parce que l'enfant se sent inclus qu'il peut développer une influence positive et s'ouvrir en confiance.

Analysons ces trois phases d'inclusion, d'influence et d'ouverture

- **Inclusion**
  - Qui suis-je ? Quel est mon équilibre entre présence et absence ? Comment j'inclus, comment je suis inclus ? Suis-je important, digne d'intérêt pour mon groupe d'appartenance ?
  - Comment dépasser la peur d'être non important ? Qu'est-ce que je veux changer dans ma façon de **participer** lorsque je présente mon projet, et dans mes interactions pour développer l'appartenance ? Pourquoi ? Comment ?
- **Influence**
  - Quel est mon rôle ? Qui fait quoi ? Quelles sont nos règles ? Comment j'exerce mon pouvoir ? Quel est mon équilibre entre compétition et coopération ? Quel est mon équilibre entre initiative et apathie ? Comment j'influence, comment je suis influencé ? Suis-je compétent, digne de respect, pour mon groupe d'appartenance ?
  - Comment dépasser la peur d'être non compétent ? Qu'est-ce que je veux changer dans ma façon de contrôler lorsque je présente mon projet, et décider pour développer l'énergie de faire ? Pourquoi ? Comment ?
- **Ouverture**
  - Comment être plus ouvert ? Comment évoluer ? Quel est mon équilibre entre ouverture et confidentialité ? Comment je m'ouvre, comment les autres s'ouvrent à moi ? Suis-je aimable, ouvert à mes affects, pour mon groupe d'appartenance ?
  - Comment dépasser la peur d'être non aimable ? Qu'est-ce que je veux changer dans ma façon de **dialoguer** lorsque je présente mon projet, de m'engager sur le terrain de l'être pour développer l'interdépendance ? Pourquoi ? Comment ?

Le leader charismatique n'est pas égotiste

Le leader charismatique n'est pas le plus important, le plus compétent, le plus appréciable. Il a développé son intelligence émotionnelle. Il crée les conditions pour que chacun soit important, compétent et appréciable.

Il prend le temps de l'inclusion pour que chacun s'implique et s'ouvre en confiance afin d'éviter les phénomènes de bouc émissaire, symptôme du dysfonctionnement d'une équipe.

Il permet à chacun de devenir un homme plus épanoui car plus conscient de ses choix. Il contribue à construire des relations plus valorisantes et une organisation plus humaine et plus coopérative.

Le leader charismatique est fidèle à lui-même, incarne une cause noble et ouvre le champ de la relation

Le charisme vient de la capacité à exprimer sa vision en créant un champ positif d'influence. La mission du leader est de conduire en prenant soin de tout, en étant vigilant sur les conséquences à long terme, en corrigeant et en encourageant. En surmontant les perturbations de son caractère, il développe une motivation positive, son intuition devient juste, son orgueil positif, son écoute profonde, il développe présence d'esprit et force de caractère.

En effet il faut se transformer soi-même pour transformer le monde, comme le révèle le conte oriental des trois portes de la sagesse (cf. *infra*), car le monde est le miroir de notre âme.

Voici quelques questions à se poser :

- Quels sont mes mythes personnels ?
- Quels sont les mythes de l'entreprise que je peux incarner, dont je suis le « héros » ?
- Comment est-ce que je les rends vivants dans mon service ?
- Comment exprimer cette histoire à l'oral avec deux clés de la prise de parole en public : le fond avec la dialectique et la rhétorique, la forme avec le non-verbal ?

Observons un dirigeant dans sa prise de parole pour l'aider à développer une communication empreinte de charisme.

On distingue le contenu du discours, le fond, à travers deux points : la **dialectique** et la **rhétorique**. La dialectique se compose de l'enchaînement des questions et réponses pour progresser vers une synthèse. La rhétorique se manifeste à travers des figures de style, dont la principale est la métaphore.

Raconter une histoire est le meilleur moyen pour exercer une influence. Une histoire a un thème, une ambiance, un début, un chemin, une morale, des personnages, des émotions. Il s'agit d'utiliser son Cerveau Gauche pour la structure de son discours et son Cerveau Droit pour l'imaginaire et les métaphores, en alternance pour rythmer le récit.

L'important est de ne pas développer plus de trois idées, d'utiliser le langage du cœur et de manier les exemples concrets.

En effet, il s'agit de faire parler le Parent en soi et ses valeurs, l'Adulte et ses exemples concrets, l'Enfant et ses émotions. Puis de répéter sur les différents canaux visuels, auditifs et kinesthésiques.

Enfin il s'agit de faire une introduction qui soit une connexion avec une question et une conclusion qui ait du panache par un résumé métaphorique.

On distingue également la forme, à travers le **non-verbal** et la **gestuelle**.

Il est important de garder une juste distance sociale accompagnée de stabilité et d'ouverture et de chercher avec ardeur le contact par le regard avec l'autre.

N'oubliez pas d'utiliser le magnétisme des 3 R : Regarder, Respirer, Rythmer la voix en articulant, en appuyant sur les voyelles esthétiques, en éliminant les mots parasites. La pertinence de la prise de parole se nourrit de la capacité d'écoute.

Je vous propose également de lire un conte pour comprendre le cheminement qui nous permet d'abord de nous accepter puis ensuite de nous transformer : les trois portes de la sagesse ou les trois secrets du dirigeant, issu d'un conte oriental.

“ Un Roi avait pour fils unique un jeune Prince courageux, habile et intelligent. Pour parfaire son apprentissage de la Vie, il l'envoya auprès d'un Vieux Sage.

— Éclaire-moi sur le Sentier de la Vie, demanda le Prince.

— Mes paroles s'évanouiront comme les traces de tes pas dans le sable, répondit le Sage. Cependant je veux bien te donner quelques indications. Sur ta route, tu trouveras 3 portes. Lis les préceptes indiqués sur chacune d'entre elles. Un besoin irrésistible te poussera à les suivre. Ne cherche pas à t'en détourner, car tu serais condamné à revivre sans cesse ce que tu aurais fui. Je ne puis t'en dire plus. Tu dois éprouver tout cela dans ton cœur et dans ta chair. Va, maintenant. Suis cette route, droit devant toi.

Le Vieux Sage disparut et le Prince s'engagea sur le Chemin de la Vie. Il se trouva bientôt face à une grande porte sur laquelle on pouvait lire : ***« CHANGE LE MONDE »***.

« C'était bien là mon intention, pensa le Prince, car si certaines choses me plaisent dans ce monde, d'autres ne me conviennent pas. » Et il entama son premier combat. Son idéal, sa fougue et sa vigueur le poussèrent à se confronter au monde, à entreprendre, à conquérir, à modeler la réalité selon son désir. Il y trouva le plaisir et l'ivresse du conquérant, mais pas l'apaisement du cœur. Il réussit à changer certaines choses mais beaucoup d'autres lui résistèrent. Bien des années passèrent.

Un jour il rencontra le Vieux Sage qui lui demanda :

— Qu'as-tu appris sur le chemin ?

— J'ai appris, répondit le Prince, à discerner ce qui est en mon pouvoir et ce qui m'échappe, ce qui dépend de moi et ce qui n'en dépend pas.

— C'est bien, dit le Vieil Homme. Utilise tes forces pour agir sur ce qui est en ton pouvoir. Oublie ce qui échappe à ton emprise.

Et il disparut. Peu après, le Prince se trouva face à une seconde porte. On pouvait y lire : ***« CHANGE LES AUTRES »***.

« C'était bien là mon intention, pensa-t-il. Les autres sont source de plaisir, de joie et de satisfaction mais aussi de douleur, d'amertume et de frustration. » Et il s'insurgea contre tout ce qui pouvait le déranger ou lui déplaire chez ses semblables. Il chercha à infléchir leur caractère et à extirper leurs défauts. Ce fut là son deuxième combat.

Bien des années passèrent. Un jour, alors qu'il méditait sur l'utilité de ses tentatives de changer les autres, il croisa le Vieux Sage qui lui demanda :

— Qu'as-tu appris sur le chemin ?

— J'ai appris, répondit le Prince, que les autres ne sont pas la cause ou la source de mes joies et de mes peines, de mes satisfactions et de mes déboires. Ils n'en sont que le révélateur ou l'occasion. C'est en moi que prennent racine toutes ces choses.

— Tu as raison, dit le Sage. Parce qu'ils réveillent en toi, les autres te révèlent à toi-même. Sois reconnaissant envers ceux qui font vibrer en toi joie et plaisir. Mais sois-le aussi envers ceux qui font naître en toi souffrance ou frustration, car à travers eux la Vie t'enseigne ce qui te reste à apprendre et le chemin que tu dois encore parcourir.

Et le Vieil Homme disparut. Peu après, le Prince arriva devant une porte où figuraient ces mots : ***« CHANGE-TOI TOI-MÊME. »***

« Si je suis moi-même la cause de mes problèmes, c'est bien ce qui me reste à faire », se dit-il. Et il entama son troisième combat. Il chercha à infléchir son caractère, à combattre ses imperfections, à supprimer ses défauts, à changer tout ce qui ne lui plaisait pas en lui, tout ce qui ne correspondait pas à son idéal. Après bien des années de ce combat où il connut quelque succès mais aussi des échecs et des résistances, le Prince rencontra le Sage qui lui demanda :

— Qu'as-tu appris sur le chemin ?

— J'ai appris, répondit le Prince, qu'il y a en nous des choses qu'on peut améliorer, d'autres qui nous résistent et qu'on n'arrive pas à briser.

— C'est bien, dit le Sage.

— Oui, poursuivit le Prince, mais je commence à être las de me battre contre tout, contre tous, contre moi-même. Cela ne finira-t-il jamais ? Quand trouverai-je le repos ? J'ai envie de cesser le combat, de renoncer, de tout abandonner, de lâcher prise.

— C'est justement ton prochain apprentissage, dit le Vieux Sage. Mais avant d'aller plus loin, retourne-toi et contemple le chemin parcouru.

Et il disparut.

Regardant en arrière, le Prince vit dans le lointain la troisième porte et s'aperçut qu'elle portait sur sa face arrière une inscription qui disait : ***« ACCEPTE-TOI TOI-MÊME. »***

Le Prince s'étonna de ne point avoir vu cette inscription lorsqu'il avait franchi la porte la première fois, dans l'autre sens. « Quand on combat on devient aveugle, se dit-il. » Il vit aussi, gisant sur le sol, éparpillé autour de lui, tout ce qu'il avait rejeté et combattu en lui : ses défauts, ses ombres, ses peurs, ses limites, tous ses vieux démons. Il apprit alors à les reconnaître, à les accepter, à les aimer. Il apprit à s'aimer lui-même sans plus se comparer, se juger, se blâmer. Il rencontra le Vieux Sage qui lui demanda :

— Qu'as-tu appris sur le chemin ?

— J'ai appris, répondit le Prince, que détester ou refuser une partie de moi, c'est me condamner à ne jamais être en accord avec moi-même. J'ai appris à m'accepter moi-même, totalement, inconditionnellement.

— C'est bien, dit le Vieil Homme, c'est la première Sagesse. Maintenant tu peux repasser la troisième porte.

À peine arrivé de l'autre côté, le Prince aperçut au loin la face arrière de la seconde porte et y lut : ***« ACCEPTE LES AUTRES. »***

Tout autour de lui il reconnut les personnes qu'il avait côtoyées dans sa vie ; celles qu'il avait aimées comme celles qu'il avait détestées. Celles qu'il avait soutenues et celles qu'il avait combattues. Mais à sa grande surprise, il était maintenant incapable de voir leurs imperfections, leurs défauts, ce qui autrefois l'avait tellement gêné et contre quoi il s'était battu.

Il rencontra à nouveau le Vieux Sage :

— Qu'as-tu appris sur le chemin ? demanda ce dernier.

— J'ai appris, répondit le Prince, qu'en étant en accord avec moi-même, je n'avais plus rien à reprocher aux autres, plus rien à craindre d'eux. J'ai appris à accepter et à aimer les autres totalement, inconditionnellement.

— C'est bien, dit le Vieux Sage. C'est la seconde Sagesse. Tu peux franchir à nouveau la première porte.

Arrivé de l'autre côté, le Prince aperçut la face arrière de la première porte et y lut : ***« ACCEPTE LE MONDE. »***

« Curieux, se dit-il, que je n'aie pas vu cette inscription la première fois. » Il regarda autour de lui et reconnut ce monde qu'il avait cherché à conquérir, à transformer, à changer. Il fut frappé par l'éclat et la beauté de toute chose, par leur perfection.

C'était pourtant le même monde qu'autrefois. Était-ce le monde qui avait changé ou son regard ? Il croisa le Vieux Sage qui lui demanda :

— Qu'as-tu appris sur le chemin ?

— J'ai appris, dit le Prince, que le monde est le miroir de mon âme. Que mon âme ne voit pas le monde, elle se voit dans le monde. Quand elle est enjouée, le monde lui semble gai. Quand elle est accablée, le monde lui semble triste. Le monde, lui, n'est ni triste ni gai. Il est là ; il existe ; c'est tout. Ce n'était pas le monde qui me troublait, mais l'idée que je m'en faisais. J'ai appris à accepter sans le juger, totalement, inconditionnellement.

— C'est la troisième Sagesse, dit le Vieil Homme. Te voilà à présent en accord avec toi-même, avec les autres et avec le Monde.

Un profond sentiment de paix, de sérénité, de plénitude envahit le Prince. Le Silence l'habita.

— Tu es prêt, maintenant, à franchir le dernier Seuil, dit le Vieux Sage, celui du passage du silence de la plénitude à la Plénitude du Silence.

Et le Vieil Homme disparut.

»

Il est temps maintenant que je vous propose de vous accompagner à la recherche du développement de votre charisme pour partager une histoire simple et crédible avec enthousiasme et générosité.

Exercice sur le TPOV (*Teacheable point of view*) ou la pédagogie du dirigeant

Quelle est la méthode qui va nous permettre de répondre à la question posée précédemment, à savoir comment convaincre en faisant autant appel à la raison qu'à l'émotion ?

Dans ma pratique auprès des dirigeants, après avoir fait un détour par Platon et l'art de convaincre, et Shutz avec le parler vrai, à travers des citations qui constituent un point de départ pour une réflexion collective, j'ai recours en effet à l'approche de mon collègue Noël Tichy pour élaborer la pédagogie d'un dirigeant.

La pédagogie d'un dirigeant, également appelée *Teacheable point of view* dit TPOV, élaborée par Noël Tichy, professeur à l'université du Michigan, se construit à partir de trois points : les idées stratégiques de l'Adulte en nous, les valeurs du Parent en nous et l'énergie de l'Enfant en nous.

Comment redonner sa légitimité à la communication en entreprise ?

Il s'agit de lui rendre son pouvoir de transformer le monde qui nous entoure, en nommant la réalité de façon sincère et en expliquant comment l'améliorer.

Quelles sont mes convictions transmissibles ? Quelles sont les valeurs qui me guident dans un système incertain ? Avec quelle énergie est-ce que je souhaite avancer ?

Pour avoir un TPOV, le dirigeant doit se connaître. Les valeurs du dirigeant ont en effet une influence forte sur le système. C'est pourquoi, pour communiquer avec justesse, il faut d'abord clarifier ses valeurs avec sincérité.

Le TPOV est un outil de communication pour dire où l'on va et pourquoi on y va, de façon claire et courageuse, afin de s'engager et de favoriser l'engagement de ses collaborateurs.

C'est ainsi que le récit que l'on construit, contrairement aux images « power point », crée un sentiment de continuité mobilisant les énergies.

Je vous propose donc de prendre une heure tranquillement pour préparer votre « point de vue enseignable », votre pédagogie de dirigeant, pour réfléchir à un objectif qui vous tient à cœur, pour mesurer les avantages pour vous et pour votre environnement et pour identifier les indicateurs de réussites. Cette démarche nécessite un passage par plusieurs étapes, décrites ci-dessous.

La préparation à la présentation de projets

Étape 1 : identifiez vos idées stratégiques-clés

Pensez aux situations où vous avez saisi des opportunités et celles où vous avez surmonté des obstacles. Où se trouvent les leviers pour créer de la réussite ? Quelles sont les idées stratégiques-clés guidant votre vision de la direction à prendre ?

Exemple : Bruno Rousset, PDG April Group

Ma décision de créer le groupe April, dont le nom peut se traduire par « commencement », est née d'une double révolte : révolte d'assister au mépris du client par beaucoup d'entreprises et révolte de voir exercer ce métier sans passion. Au cours de mes différents parcours dans les assurances, j'ai observé les dérives comportementales à l'égard des clients, par exemple la logique qui consiste à régler les sinistres le plus tard possible. Or pour moi la considération est la condition de la fidélisation. J'ai pensé que la profession organisait ainsi sa propre destruction aux yeux du public.

Par ailleurs, exercer son métier sans passion était pour moi insupportable. À trente ans, j'ai claqué la porte, un groupe de clients m'a suivi, ainsi qu'une petite équipe. Nous avons pu mettre notre rêve en application : des contrats simples, un comportement réactif et convivial et surtout une vraie considération à l'égard de nos clients comme de nos courtiers et agents d'assurances partenaires.

Notre idée stratégique force : « rembourser l'assuré en 24H ! »

Étape 2 : identifiez vos valeurs-clés

C'est la référence à nos valeurs et à notre idéal qui colore notre vie quand l'environnement se dérobe, quand il faut trouver la force en soi de se tourner vers l'avenir.

Pensez aux situations de vos fonctions de direction dont vous êtes le plus fier, mais aussi au pire moment de celles-ci.

Quelles leçons tirez-vous de ces expériences ? Quels sont les valeurs et les principes-clés caractérisant votre approche de la direction des affaires ?

Exemple : Bruno Rousset, PDG April Group

« Mes valeurs reposent sur une forte exigence pour progresser, la confiance en l'homme et le respect, la capacité à se remettre en question,

la capacité à créer un climat d'unité et de solidarité. Ici personne ne baisse les yeux ni ne manque à l'appel, personne n'a peur d'être seul ou abandonné.

Le développement spirituel et aussi la philosophie, si importante pour comprendre notre époque de mondialisation, apprennent le sens du long terme et la nécessité du progrès personnel permanent.

Dans notre groupe, nous avons souhaité asseoir notre culture commune sur une œuvre collective. Nous avons créé une université d'entreprise, lieu d'échanges, qui opère sur les comportements et non sur les savoirs techniques. Elle est animée par des formateurs fortement investis dans leur mission. Les 2 500 collaborateurs y transitent pour apprendre les fondamentaux de la communication et de la relation à l'autre.

L'université se déploie selon une trilogie : la satisfaction des clients, celle des collaborateurs et celle des actionnaires. L'université nous permet de poursuivre notre recherche de l'équilibre des intérêts de toutes les parties. »

Étape 3 : évaluez votre énergie et votre capacité à poser des limites

L'énergie positive résulte de la capacité à fournir une activité rentable en posant des limites claires sur ce que l'on ne veut pas faire.

Pensez aux situations où vous avez mobilisé votre énergie et aux situations qui vous ont démotivé.

Comment déployez-vous votre volonté pour réaliser ce que vous avez choisi ? Comment mettez-vous en œuvre votre énergie, résultat d'un équilibre entre satisfaction et efficacité, dans votre organisation ?

Exemple : Bruno Rousset, PDG April Group

« *J'aime la compétition, les challenges… Ma seule passion c'est l'homme… Je suis profondément interpellé par la souffrance et la misère du monde. Pour moi, c'est une chance à saisir que d'aller vers l'autre en difficulté et, dans ces moments, je sens que nous sommes tous parties prenantes du même ensemble.*

April Group encourage l'essaimage de ses collaborateurs par la création de nouvelles entités, en valorisant l'autonomie, la prise de risque, la construction d'équipe, l'innovation, la fierté des résultats identifiés, la capacité à rebondir. Créer son entreprise c'est sortir de soi, se challenger pour mieux se connaître, aller vers l'inconnu.

Cependant, tout reste à faire pour cultiver nos principes fondateurs, faire vivre notre supplément d'âme et entretenir en permanence l'étonnement positif de ceux qui nous fréquentent, nos clients, nos collaborateurs, nos fournisseurs, etc.

Dans cinq ans, April group sera reconnu comme architecte concepteur de solutions dans des domaines très divers de l'assurance des personnes et des biens. Il aura continué à changer l'image de l'assurance auprès des consommateurs. »

Étape 4 : synthèse

Notez vos réponses relatives aux trois étapes précédentes : stratégie, valeur, énergie, dans le schéma ci-dessous. Voici les trois éléments-clés de votre pédagogie de dirigeant, « votre point de vue enseignable ». Réfléchissez à la manière de synthétiser et de communiquer votre point de vue enseignable dans un discours de cinq minutes. Si vous pensez qu'une histoire peut servir de métaphore, cela peut être une manière très efficace pour faire passer votre message pédagogique.

Schéma n° 8 sur la pédagogie d'un dirigeant
élaboré à partir des travaux du psychologue Noël Tichy, professeur à l'université du Michigan

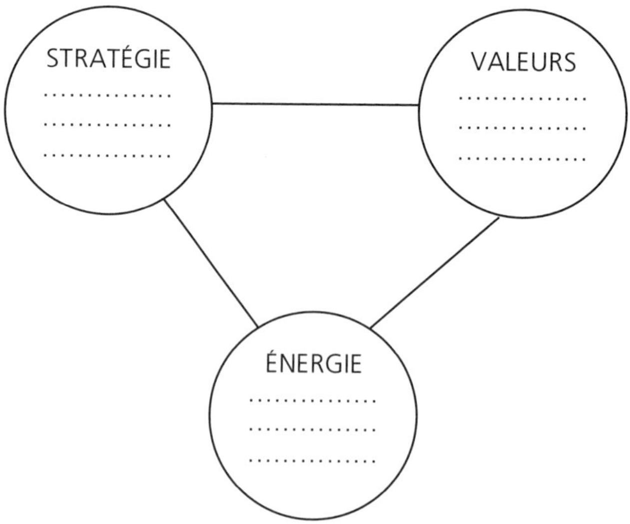

....

....

....

....

....

....

L'interview télévisée

Imaginez que vous vous faites interviewer par un journaliste, qui ferait un documentaire sur votre projet, dans le cadre des « organisations apprenantes ».

Dans une minute, la caméra s'allumera et à ce moment-là, le journaliste vous demandera : « Veuillez me dire votre point de vue enseignable, votre pédagogie de dirigeant, pour réenchanter votre service, pour ne pas seulement énoncer une promesse mais aussi un défi. »

Quelles sont vos **idées stratégiques** pour mener à bien votre activité et comment celles-ci vous sont-elles venues ?

....

....

....

Quelles **valeurs** feront fonctionner ces idées ?

....

....

....

Comment stimulez-vous les gens et comment mobilisez-vous votre **énergie** et votre capacité à poser des limites, pour prendre des décisions et faire des choix justes ?

....

....

....

....

....

....

À présent, enrichissons-nous d'un cas de dirigeant opérationnel en voyage à la recherche du développement de son charisme pour partager une histoire simple et crédible avec enthousiasme et générosité.

Étude de cas : une situation managériale

Madame H est consciente que cela n'est pas commode de construire un discours mais elle est contente car elle sait que ses collaborateurs attendent des paroles claires de sa part.

Je lui propose de l'accompagner à travers un voyage basé sur un questionnement pour élaborer sa pédagogie de dirigeant à travers une histoire simple et crédible pour réenchanter son service.

Je l'invite à me répondre avec la fougue de l'Enfant en elle. Et l'assure qu'il n'y aura aucun jugement de ma part mais la seule volonté de comprendre ce qui l'anime.

Imaginez que je représente vos collaborateurs. Comment allez-vous vous adresser à nous ?

D'abord, je suis super-heureuse d'être avec vous et pour la plupart de vous retrouver.

Je remercie profondément mon chef pour la confiance qu'il me fait et chacun d'entre vous pour votre accueil et votre motivation à travailler avec moi. Je suis là pour vous parler de ce qui est important pour moi, pour notre service et j'ai envie d'articuler cette présentation autour de trois points : nos idées stratégiques pour développer ce service, les valeurs sur lesquelles nous devons nous appuyer pour dynamiser ces idées, le type d'énergie que nous allons déployer pour retrouver une énergie de conquête et sortir de la sinistrose qui colore notre marché.

Êtes-vous d'accord avec moi ? Le cœur de notre mission n'est-il pas de produire des artistes en étant conscient de ce que nous leur apportons dans un contexte économique changeant, dans lequel il faut s'adapter ?

Quelles sont vos idées stratégiques ?

Nos idées stratégiques, c'est d'amener chaque artiste auxquels nous croyons à sa réalisation maximale pour le fidéliser, pour que ses créations soient connues, pour qu'il soit fier d'être avec nous... dans le cadre d'une réalité économique qui a changé.

Et là je voudrais m'arrêter sur ce point. Nous ne pouvons plus axer notre tactique, comme par le passé, uniquement sur les ventes physiques.

Nous devons nous créer de nouveaux réflexes correspondant au nouveau marché sans quoi nous allons dans le mur. Ce nouveau marché est fait de ventes physiques, de digitales et autres. Nous devons ouvrir notre champ des possibles. Ce nouveau contexte, ces nouveaux canaux de distribution ou de médiatisation ou de monétisations, c'est tout cela.

Si je regarde dans le passé de ma vie professionnelle, j'ai l'impression que c'est une démarche que j'ai toujours eue, et je vous demande de me faire confiance, de vous appuyer sur moi pour manifester toujours ces réflexes d'adaptation, de force de proposition envers ce marché mouvant.

Quelles sont vos valeurs ?

Nous allons faire cela en nous appuyant sur les valeurs qu'a toujours eues le label.

La fidélité : l'esprit de famille où chacun se sent important pour l'autre, où chacun est à sa place. De nombreux artistes ont fait preuve de fidélité aussi. Certains sont là depuis de nombreuses années et c'est la même chose dans l'équipe. Le plus ancien étant notre chef. Cette valeur nous permet de ne pas être balayés au premier choc, d'être en confiance ensemble.

La créativité : chacun est force de proposition de façon autonome. En revanche dans cette ambiance parfois morose, je pense que retrouver la joie de travailler ensemble est la condition nécessaire à la créativité.

Et puis il y a une valeur parfois dénigrée, on est des artistes, on n'est pas des marchands de soupes, qu'il faut absolument retrouver sans complexe, pour être efficace et visible, c'est de nous centrer sur le résultat.

La rentabilité : chacun d'entre nous doit gérer son budget avec une grande précision. Notre fierté passe et doit aussi passer maintenant par la rentabilité.

Si vous n'aimez pas ce mot, parce qu'il est étranger à notre monde artistique, remplacez-le par efficacité, performance au sens de prendre une bonne forme, un bon résultat.
On peut à la fois aimer les artistes et décider d'aider nos employeurs à nous garder.

Quelle est votre énergie ?
Alors maintenant avec quelle énergie allons-nous réaliser tout cela ?
La première chose est de retrouver une énergie de conquérant. Cette énergie de conquête est la seule chose qui nous permettra de reprendre la main au lieu de subir nos problèmes de marché. Cela se traduit par un goût de l'action, de ne se sentir jamais vaincu : « Le gagnant c'est celui qui sait ce qu'il fera s'il perd. Le perdant c'est celui qui dit ce qu'il fera s'il gagne. » Alors soyons prudents, tout bouge tout le temps, soyons remplis d'énergie et de fierté. L'énergie de responsabilité, chacun d'entre nous est responsable des informations qui lui sont confiées, de ses budgets, de ses résultats…
Ces deux énergies, de conquête et de responsabilité, nous permettrons d'atteindre nos objectifs. À ce propos je voudrais souligner un point important pour nous. Continuer à miser sur un artiste qui n'émerge pas, ne constitue pas une relation gagnant-gagnant. Être gagnant-gagnant c'est lutter pied à pied pour que les 2 parties trouvent ce qu'elles cherchent. Par exemple un artiste qui rapporte 2 % de notre CA, dans une relation gagnant-gagnant, ne devrait pas nous prendre plus de 2 % de notre temps. Donc décomplexons-nous.

Quelle serait la métaphore de ce projet ?
Pour conclure, soyons à l'image de cette musique à la fois entraînante, dynamique et que l'on connaît depuis toujours.

Après avoir lu ce cas, je vous propose de revenir à votre propre questionnement, enrichi par la réflexion d'un autre.

Notes personnelles : ma pédagogie de dirigeant

Comment est-ce que je régule mes peurs ?

....

....

....

....

Quel est le fil conducteur de notre raison d'être que je souhaite partager ?

....

....

....

....

....

Quelles sont mes idées stratégiques ?

....

....

....

....

....

Quelles sont mes valeurs ?

....

....

....

....

....

Quel est mon type d'énergie ?

....

....

....

....

....

En résumé

Une huitième clé pour réussir dans un environnement incertain consiste à penser, en imaginant un futur meilleur, en s'appuyant sur le passé, à travers une histoire simple et crédible.
Cette histoire s'exprime en trois points : idées stratégiques, valeurs, énergie. Ces trois éléments constituent votre pédagogie de dirigeant.
Elle permettra de clarifier votre projet en mobilisant vos collaborateurs tout en gardant le fil conducteur de votre vie.

Clé 9

Pouvoir changer en développant sa créativité

Une neuvième et dernière clé pour réussir dans un environnement incertain consiste à pouvoir changer en développant sa créativité car la richesse essentielle, dans notre monde post-moderne, vient de l'homme et de ses idées.

En effet, face à l'incertitude externe et interne, la capacité à repérer les prémices du changement et les potentiels des situations, en regardant et en écoutant comme un enfant le ferait, constituera notre dernière posture organisationnelle.

C'est pourquoi, dans ce contexte mouvant, il est important de rester en éveil, de ne pas laisser notre première idée être notre seule idée.

Car, comme le souligne Marguerite **Duras** : « C'est une merveille que d'ignorer l'avenir. » Et **Stendhal** d'enchérir : « Les plus belles années d'une vie sont celles que nous n'avons pas encore vécues. »

Sans ancrage dans ce qui constitue cette capacité créative pour se sortir des situations problématiques, pas de sécurité, ni interne, ni externe. **L'autocoaching, c'est-à-dire la distanciation par rapport à soi-même, va nous permettre ce neuvième voyage intérieur, début d'un nouveau cycle de voyage dont vous serez vous-même l'auteur...**

Définition : Qu'est-ce que la créativité ?

Étymologiquement, le mot créativité vient du latin *creare* et signifie « faire exister ce qui n'existait pas, tirer du néant ».

La créativité, c'est donc la capacité à penser le changement et l'incertitude, à penser le vivant, l'évolution créatrice, la complexité des interactions et à s'engager avec clarté d'esprit, générosité de cœur et énergie d'action, pour innover.

Cela demande d'abord de la **confiance** en soi afin d'expérimenter de nouvelles idées sans craindre l'échec. Le métier de dirigeant doit de ce fait faire appel à la créativité pour sortir de l'incertitude et de la passivité pour ouvrir le champ du sens et celui de la relation.

Cela demande ensuite de la **générosité** car il existe un lien fort entre créativité et générosité, comme nous l'avons vu dans le chapitre sur les émotions. Sans véritable rencontre, pas de créativité possible.

Cela demande enfin **d'intégrer la composante de l'autre sexe en soi**, pour un homme le féminin qui est en lui et pour une femme le masculin qui est en elle. C'est cette rencontre avec soi-même et cette complétude interne qui signe la capacité d'inventer en s'autofécondant. Le métier de dirigeant n'est donc ni masculin ni féminin mais les deux à la fois, pour allier écoute de l'autre et engagement de soi.

C'est pourquoi l'accès à la créativité est un signe de souplesse d'esprit, d'équilibre dans la relation et de recul face aux obstacles, en développant sa capacité d'humour.

Cet accès signe à la fois le lien avec notre âme d'enfant et l'accès à la **maturité**.

Que nous apprennent les philosophes pour réussir dans un monde incertain, pour mener une « vie bonne » et développer notre créativité ?

Écoutons les philosophes, présocratiques ou postmodernes, s'exprimer sur cette capacité créatrice de l'homme. Ils soulignent chacun à leur manière le lien qui existe entre créativité et pulsion de vie.

Pour **Héraclite** d'Éphèse, pour qui la vie se caractérise par un flux perpétuel, « Rien n'est permanent, sauf le changement ».

Michel Eyquem de **Montaigne**, contemporain de l'Inquisition et de Rabelais, a expliqué dans ses *Essais* qu'une tête bien faite vaut mieux qu'une tête bien pleine. Pour lui, il s'agit de ne pas être prisonnier des préjugés de son époque, de voyager pour se découvrir et d'être libre en vivant lucide sur soi-même. Comment ? En développant recul et « pensée hélicoptère », car « rien ne vaut que l'on se rompe la tête ». « Celui qui entre chez moi me fait honneur, celui qui n'entre point me fait plaisir » avait-il l'habitude de dire, choisissant ainsi la solitude plutôt qu'une compagnie qui vous éloigne de votre créativité. Pour cet épicurien stoïque pour qui la vie est bonheur de découvrir la diversité, « être créatif, c'est une attitude de chaque instant qui consiste à rendre le temps vivant, à comprendre cet être ondoyant et divers qu'est l'homme ».

Nietzsche, adepte de Dionysos, le dieu de l'ivresse et de l'animalité que la civilisation réprime, a préconisé dans *Le Gai Savoir* de se dépasser sans cesse par la volonté, l'action éclairée par l'intelligence, ne pas se soumettre, ni à soi-même ni aux autres. Selon lui, la vraie culture qui favorise l'inventivité, c'est la sublimation des instincts, c'est la permission du Parent intérieur pour vivre des désirs d'Enfant libre, positif et créatif. Comment ? En posant les conséquences de chacun de nos actes, comme si nous allions les vivre pour l'éternité.

Pour Henri **Bergson**, « la créativité est la caractéristique même de la vie » ; c'est ce qu'il souligne dans son ouvrage *L'Évolution créatrice*, où, proche d'Héraclite, il souligne que la vie est dynamique permanente.

Abraham **Maslow**, fondateur de la psychologie humaniste, le « mentor » qui a le plus influencé ma façon d'être au monde et avec les autres, a soutenu dans *L'Accomplissement de soi,* qu'il s'agit de développer notre potentiel, le Prince en nous derrière le Crapaud que les frustrations de la vie peuvent nous faire parfois devenir, en comprenant l'échelle de nos besoins qui va de la sécurité à la réalisation de soi, en passant par le besoin d'appartenance. Les concepts de Prince et de Crapaud ont été expliqués (p. 61).

Comment ? En étant à l'écoute de nos pulsions intérieures issues de notre nature animale, puis en étant conscient que notre bien-être dépend de la qualité de nos relations à l'autre, et enfin en développant notre créativité.

Pour Sigmund **Freud** enfin, vivre c'est faire dominer la pulsion de vie sur la pulsion de mort. C'est aussi apprendre à passer au stade de la reconnaissance de l'autre et de la réciprocité.

Cette pulsion de vie est la seule certitude dans ce monde incertain, comment nous ressourcer à cette énergie ?

« Soyez vous-même le changement que vous voulez voir dans le monde », rappelait Mohandas Karamchand **Gandhi**.

En effet, que pouvons-nous changer ? Nous ne pouvons changer que notre regard sur le monde. Ce regard pessimiste, qui parfois nous envahit, c'est ce que nous appelons la chaîne cognitive des croyances autolimitantes ou le circuit des sentiments parasites.

Comment fonctionne le circuit des sentiments parasites qui bride notre créativité ?

Toutes nos blessures d'enfant sont emmagasinées dans notre cerveau et nous conduisent à répéter des comportements pour confirmer les croyances que nous avons élaborées enfant afin de justifier ces mêmes blessures. Mais cette croyance n'est pas le réel, elle est une projection du passé dans l'avenir.

Sous stress, nous ne savons plus utiliser correctement notre cerveau gauche pour analyser une situation avec son enchaînement de causes et de conséquences, ni notre cerveau droit en imaginant des options nouvelles. Nous devenons la proie d'une rumination en boucle qui nous fait nous accuser ou accuser l'autre par projection, entravant toutes possibilités créatives de réussir à trouver une issue.

Comment fonctionne notre cerveau lors du processus de créativité ?

La créativité permet de clarifier nos projections, elle résulte donc d'un équilibre entre le cerveau droit qui régule les émotions négatives et qui rêve et le cerveau gauche qui construit un projet explicite et qui est animé de volonté dans la durée. La créativité permet de concilier continuité et innovation en équilibrant les valeurs de prudence et d'audace. Elle permet de dialoguer et de réguler. Elle relance une énergie positive.

La créativité permet de nous ressourcer à nos forces pour dépasser les situations problématiques. « Un vrai rêve, c'est un rêve qui dure et qui dure parce qu'il s'est marié avec la volonté », nous rappelle Erik **Orsenna**.

Il est temps maintenant que je vous propose de vous accompagner à la recherche de vos propres désirs de changer ce qui ne convient plus pour garder votre cap.

Exercices sur la créativité

Quelle est la méthode qui va nous permettre de répondre à la question posée précédemment, à savoir comment développer notre créativité, en nous ressourçant à notre pulsion de vie, en nous ouvrant à nos dimensions moins conscientes ?

« Leaders don't do different things, they do things differently. »
(**Shiv Khera**)

« Comment faire autrement ? Le doute est père de la création. »
(**Galilée**)

Dans ma pratique auprès des dirigeants, après avoir fait un détour par Héraclite, Montaigne, Bergson et Freud, à travers des citations qui constituent un point de départ pour une réflexion collective, pour expliquer le concept de pulsion de vie, j'ai recours à l'approche des psychologues Frédéric Hudson et Ned Herrmann.

Deux modèles peuvent en effet nous aider : tout d'abord **le cycle du changement d'Hudson** qui nous montre dans quelle étape de vie nous sommes et comment inventer la suivante ; ensuite **les préférences cérébrales d'Hermann** qui nous font comprendre comment nous utilisons notre cerveau et comment nous pourrions être plus complets en développant d'autres postures.

Le cycle du changement selon Hudson

La vie est mobilité, le projet personnel ou professionnel se construit par des identifications à de modèles de réussite, arrive à maturité, puis s'éteint.

Une phase de bilan objectif permet de reconstruire, de se tourner vers l'avenir, après une maturation plus ou moins longue, appelée « phases du deuil » où se succèdent le déni, la colère, la tristesse, le marchandage, puis l'acceptation du réel.

Ce sont les saisons de la vie. Le cycle du changement que dégage le philosophe américain Hudson est constitué de dix étapes universelles. Il va vous permettre de vous repérer dans vos saisons de vie.

Ces 10 étapes sont représentées sur le schéma suivant :

Schéma n° 9 sur le cycle du changement
élaboré à partir des travaux du psychologue Frédéric Hudson
issu de la psychologie systémique

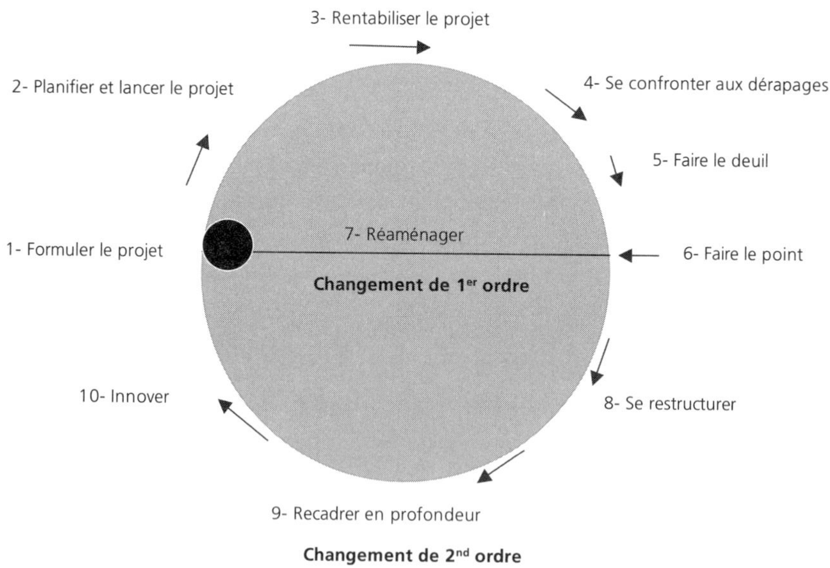

Quel est votre cycle du changement ?

Il existe plusieurs façons de parcourir le cycle de changement représenté ci-dessus. En fonction de l'étape où l'on se situe, on peut avoir besoin d'un « coaching de changement et de crise » ou bien d'un « coaching de croissance ».

« Coaching de changement et de crise »

Partons par exemple d'un changement ressenti comme une perte, d'un creux dans la vie, d'un « flop », d'une difficulté, pour comprendre le but du « coaching de changement et de crise » chez un dirigeant.

Voici les différentes phases qu'une personne touchée par une crise va traverser :

Phase 4. Rupture d'équilibre

La rupture est inévitable parce que le changement c'est la vie. Cette rupture peut dépendre de deux émotions internes, l'une négative et l'autre positive, les deux étant génératrices de stress :

- la frustration, lorsque la passion devient routine ;
- l'espoir, lorsqu'on se lance un défi.

La rupture peut également naître d'un événement externe : par exemple, l'écroulement d'un marché, ou bien l'annonce d'une promotion.

Il s'agit d'aider le dirigeant à dresser un constat de la situation et à rechercher une solution. Pour survivre aux crises, il est essentiel de rester en mouvement.

Phase 5. Crise et Deuil

Le deuil est permis par l'intégration du passé en reconnaissant ses mérites et en acceptant le réel présent avec ses opportunités. L'intensité du deuil dépend de l'enjeu du projet et du temps que le sujet lui a consacré. Plus le système de valeur est modifié, plus le deuil est intense. Et tant que le système de valeur n'est pas modifié, le deuil n'est pas fait.

Il s'agit de permettre d'exprimer ses émotions, de traiter les méconnaissances qui éloignent du réel et d'aider à élaborer un nouveau projet de vie.

Phase 6. Bilan

Quand le deuil est achevé, nous sommes capables de nous approprier notre bilan de façon adulte et objective, pour savoir si nous devons faire un changement de comportement de niveau premier ou un changement plus profond, de niveau second, impliquant un changement de valeur. Si nous nous survalorisons, nous ne retiendrons du bilan que le positif et serons en méconnaissance du réel avec des passivités d'agitation. Si nous nous dévalorisons, nous resterons en passivité de sur-adaptation.

Il s'agit d'aider à clarifier le trépied organisationnel : l'objectif de l'entreprise, celui de la fonction et celui de l'employé.

Phase 7. Changement de niveau logique premier, dit de comportement

Dans ce cas, le changement est simple ou rapide. Il peut s'agir par exemple d'un changement de service. Cela nécessite un bilan puis une phase de créativité pour détecter le potentiel possible. Cela demande ensuite de vérifier la faisabilité et l'écologie pour hiérarchiser les projets.

Il s'agit de stimuler la vision de la réussite.

Phase 8. Chaos et Maturation

Quand nous ne nous reconnaissons plus dans les valeurs de l'entreprise, quand nous nous sentons en décalage, il nous est impossible de réaliser un projet en phase première du cycle, dans cette étape. Nous avons besoin de temps pour faire notre deuil, nous devons trouver du travail qui ne soit pas sur le devant de la scène, pour sortir de notre milieu, être heureux dans un autre cadre, recevoir d'autres signes de reconnaissance. Quand nous accepterons de changer de système de valeur, cela sera la fin de la solitude. Nous croyons trop souvent que c'est tout notre système de valeur qui est remis en cause. Mais en fait, ce n'est qu'une valeur et un comportement qui pose problème.

Il s'agit de rassurer et d'aider à préparer l'avenir.

Phase 9. Changement de niveau logique second, dit de valeur

Nous sortons du tunnel pour inventer le futur. Soit nous quittons notre emploi en cherchant le même système de valeur que le nôtre ailleurs pour développer une meilleure assertivité, soit nous restons et assumons nos choix sans projet important.

Il s'agit de s'appuyer sur les intentions positives des résistances.

Phase 10. Invention du futur : Créativité

La véritable créativité ne provient que de la résolution d'une crise profonde, de la nécessité de changer de regard après une remise à plat profonde. Il faut se donner le temps d'explorer des pistes et de sélectionner des projets réalistes en se reliant à ses motivations profondes : « Le manque de chance est une faute professionnelle », répétait Pierre Desgraupes. Il s'agit d'encourager la gestion de la peur et des risques, d'autoriser les permissions pour changer, sans oublier qu'il n'y a pas de permission sans protection, puis confronter la suradaptation et développer l'humour : « Copier sur un seul, c'est du plagiat. Copier sur deux, c'est de la recherche », nous dit malicieusement Wilson **Mizner**.

Approfondissons cette notion de crise et de chaos, en ce qui concerne les phases du changement 5 et 8. Elisabeth Kübler-Ross distingue différentes phases du deuil.

– La première phase est le déni

Même dans les ruptures positives, par exemple quand on ne peut pas croire à sa réussite, et *a fortiori* dans les ruptures négatives, par exemple quand on se dit prêt à tout donner pour que le passé revienne, on assiste au premier marchandage. Ce marchandage ne doit pas durer trop longtemps car il s'apparente au déni. C'est pourquoi il convient d'être très vigilant sur la dynamique de l'Enfant Libre négatif qui ne veut pas voir le réel.

– La deuxième phase est la colère

Ici, il convient d'être vigilant à la dynamique du Parent négatif dont l'émotion parasite est la colère, en repérant ce qui est authentique et ce qui est exagération. C'est important de verbaliser ce qui est injuste.

– Le troisième est la tristesse

Si l'Enfant Libre négatif se complaît dans la tristesse, c'est un sentiment parasite. C'est important d'en prendre conscience.

– La quatrième est la peur

L'enfant Soumis négatif se complaît dans la peur qui est son émotion parasite, il est capital de le confronter. En revanche, le Parent la dénie, ici c'est important de dire que nous avons le droit d'avoir peur.

– La cinquième est la joie

L'Enfant Libre extravagant, le Promoteur, est dans la joie permanente, même quand tout va mal, c'est son émotion parasite. C'est important de souligner l'incohérence pour l'aider à en prendre conscience.

« Coaching de croissance »

Pour comprendre le « coaching de croissance », en cohérence avec notre vécu, partons d'un pic, d'un « top », d'une réussite.

Phase 1. Énoncé du projet

Il s'agit de notre projet, pas de celui de l'entreprise. Il est donc très important que nous verbalisions notre projet pour nous l'approprier. Il s'agit alors de parler du projet pour en explorer la faisabilité. Il est souhaitable de rencontrer des gens qui ont réussi dans le même type de projet, pour comprendre quel processus ces derniers ont mis en place, pour lever des méconnaissances et sortir de notre scénario de vie négatif qui pourrait nous empêcher de vivre notre projet, par excès de perfectionnisme ou pour faire plaisir, par exemple…

Il s'agit de rencontrer des experts dans les matières où nous pouvons être faibles, de se former, et bien certainement de ne pas se lancer s'il y a risque d'échec.

Phase 2. Lancement du projet

Sommes-nous en avance ou en retard sur notre projet ?

Il s'agit de confronter la personne vivant cette phase à ses risques de passivité.

Phase 3. Rentabilisation du projet

Les entreprises ne rêvent que de cette phase. Autrefois de la prise de poste à la retraite, on était le plus souvent en phase trois du cycle.

Il s'agit de verbaliser les dysfonctionnements pour changer la dynamique de la structure.

Cette prise de conscience des phases de changement représente donc un gain pour supprimer des méconnaissances, faire plus rapidement son deuil et éviter ou atténuer la crise qui se traitera après dans un coaching de crise.

Elle favorise une meilleure lucidité par rapport à soi, en bâtissant des stratégies de long terme et en recherchant des alliés. Plus nous gérerons les premières étapes, moins nous vivrons des crises graves.

Cependant ne soyons pas naïfs : de même que les ¾ de notre fonctionnement sont inconscients, les ¾ de notre vie seront probablement sujets à des remises en cause plus ou moins sévères.

Exercice d'entraînement sur la visualisation de la réussite

Voici quelques questions à vous poser :

Dans quelle étape de votre cycle professionnel et personnel êtes-vous ?

....

Comment accompagnez-vous le deuil et le changement chez vous et chez l'autre ?

....

Quel changement majeur, quelle perte avez-vous vécu ? Comment avez-vous transformé vos émotions négatives ? Quel nouveau projet de vie avez-vous pu élaborer pour vous adapter au réel ? Qu'avez-vous hérité de cette perte ?

....

....

....

Qu'est-ce qui change dans votre entreprise ?

....

....

Comment incarnez-vous le projet d'entreprise ?

....

....

Comment accompagnez-vous le changement et comment simplifiez-vous l'organisation actuelle ?

....

....

....

....

Je vous propose de vous emmener dans un travail d'anticipation.

Nous sommes en décembre, dans trois ans, à long terme.

Vous avez le sentiment fort d'un projet réussi personnel ou professionnel, qui vous apporte de la satisfaction.

Vous avez un objectif positif, précis, possible, pour donner du sens au quotidien par l'exploration du long terme, qui vous permet d'harmoniser aspirations personnelles à long terme et objectifs professionnels à court terme.

Quel serait ce projet réussi ? sa robustesse ?

....

....

....

....

Quels seraient les trois avantages de ce projet ?

....

....

....

Quels seraient les trois obstacles à ce projet ?

....

....

....

Quelles seraient les trois actions pour contourner ces obstacles, vos ressources ?

....

....

....

Nous sommes en décembre, dans deux ans, à moyen terme, que faites-vous ?

....

....

....

....

Nous sommes en décembre, dans un an, à court terme, que faites-vous ?

....

....

....

....

Pouvez-vous vous fixer trois objectifs annuels, précis, positifs et possibles ?

....

....

....

Pouvez-vous découper les objectifs en tâches par semaine pour planifier et déléguer avec des échéances et des critères de réussite ?

....

....

....

....

....

Pour habiter votre projet, il faut commencer par l'exprimer pour faire du monde entier un groupe de soutien puis y revenir souvent pour vérifier sa pertinence. Car si vous vous préparez, si vous visualisez le futur, il est possible que les idées viennent et que vous le réalisiez...

N'oubliez pas que, dans un projet d'entreprise, l'idée représente 20 % et l'exécution 80 %. « La confiance en soi, qui permet de mener jusqu'au bout un projet, est le premier secret de la réussite », nous rappelle **Emerson**.

En effet, pour réussir, il faut discerner ce qui nous attire, comprendre nos besoins fondamentaux identitaires et choisir pour ne pas poursuivre deux buts en même temps et risquer d'échouer partout.

Voyons maintenant le modèle des préférences cérébrales d'Hermann qui nous permettra de comprendre comment nous utilisons notre cerveau et comment nous pourrions être plus complets en développant d'autres postures.

Les préférences cérébrales selon Ned Herrmann

En situation d'efficacité cognitive et de confiance en soi, nous savons utiliser correctement notre cerveau gauche pour analyser une situation avec son enchaînement de causes et de conséquences,

et notre cerveau droit en imaginant des options nouvelles, nourrissant ainsi notre créativité pour réussir à trouver une issue.

Ned Herrmann a imaginé un modèle métaphorique du fonctionnement de notre cerveau. Ce modèle est basé sur les travaux de Roger Sperry et de Paul MacLean. Le premier a distingué deux hémisphères aux modalités différentes, à partir de ses recherches sur l'épilepsie : le gauche est plus logique et le droit est plus intuitif. De son côté, Paul MacLean a mis en évidence trois strates d'évolution de notre cerveau : le reptilien, le limbique, puis le cortical. Son apport peut se résumer ainsi : « L'ontogénèse reprend la philogenèse », c'est-à-dire le développement de l'être reprend le développement de l'espèce, du reptile au mammifère puis à l'homme.

Dans ses recherches pour traduire les processus cognitifs, Ned Hermann a écarté le reptilien qui est purement instinctif, et a distingué quatre processus cognitifs dominants : le cortical gauche, le cortical droit, le limbique gauche et le limbique droit.

Les quatre quadrants

Voyons successivement les caractères de chacun de ces quadrants.

- **Cerveau Gauche ou Cerveau Droit ?**

Orienté Cerveau Gauche

Si vous privilégiez ce fonctionnement, vous êtes tourné vers le passé en nommant les faits, les références et les acquis. Vous appréciez la rigueur, la discipline, les méthodes et les procédures. Vous traitez une seule chose à la fois avec un esprit critique développé. Vous êtes :

- discursif : un mot après l'autre ;
- séquentiel : une chose après l'autre ;
- logique : une cause entraîne un effet ;
- déductif : ceci implique cela.

Vous êtes motivé par le sens du devoir, gestionnaire de temps et d'argent, structuré dans vos actes et vos pensées, prévoyant et prudent. Et vous risquez de manquer de souplesse et d'adaptabilité.

Orienté Cerveau Droit

Si vous privilégiez ce fonctionnement, vous êtes tourné vers l'avenir en visualisant la découverte et l'intuition des situations et des personnes. Vous percevez les choses dans leur ensemble et menez plusieurs choses de front. Vous assemblez deux éléments pour créer une idée nouvelle. Vous pouvez faire deux choses à la fois, sauter d'une idée à l'autre, émettre plusieurs hypothèses, concilier les opposés. Vous êtes :

- visionnaire : ouvert à l'improvisation ;
- réactif : détecteur de problème avant qu'ils n'émergent ;
- orienté vers des solutions inédites : tenté par la prise de risque ;
- joueur, audacieux : vous êtes tourné vers le plaisir et vous risquez de manquer d'ordre et de ponctualité.

- **Cortex ou Limbique ?**

Orienté Cortex

Si vous privilégiez ce fonctionnement, vous traitez des faits avant les hommes, des règles avant l'exemple, des idées au-delà des circonstances, le contenu avant le contenant. Vous avez plus tendance à négliger les aspects humains et concrets au profit des abstractions et des idées. Vous résistez à la pression. Vous allez vite à l'essentiel au risque de créer des problèmes de relations humaines.

Orienté Limbique

Si vous privilégiez ce fonctionnement, vous traitez au contraire la personne avant l'idée, l'exemple avant la règle, la situation avant le concept, le contenant avant le contenu. Vous avez du mal à relativiser, à prendre du champ par rapport aux événements au risque de ne pas résister au stress.

Nous obtenons donc quatre quadrants :

- Cortical Gauche orienté vers le « quoi et combien ? » ;
- Cortical Droit orienté vers le « pourquoi et vers quoi ? » ;
- Limbique Gauche orienté vers le « comment et quand ? » ;
- Et Limbique Droit orienté vers le « avec qui et pour qui ? »

Chaque quadrant a donc deux faces. L'une est plus abstraite, plus Cortex, plus dans une distance réflexive pour : Évaluer, Raisonner, Administrer, Concevoir, Défricher, et favoriser les compétences et les résultats. Et l'autre est plus concrète, plus Limbique, plus impliquée dans l'action et les émotions, plus à l'écoute du terrain pour : Administrer, Réaliser, Ressentir, Échanger, et favoriser les comportements et les relations.

Notez, en faisant confiance à votre intuition, quel est votre mode dominant :

....

Exercice sur la prise de décision

Je vous invite à prendre connaissance des caractéristiques des différents types décrits ci-dessous et à vous situer intuitivement sur le schéma n° 10, en vous interrogeant sur les processus cérébraux qui président à vos choix et prises de décision.

Comment faites-vous vos choix ?

- **Cortical Gauche**
  - Raisonner : vous avez une démarche logique pour analyser les données.
  - Évaluer : vous estimez la faisabilité financière et l'efficacité des différentes solutions.
- **Limbique Gauche**
  - Administrer : vous structurez votre dossier.
  - Réaliser : vous mettez l'accent sur les aspects pratiques
- **Limbique Droit**
  - Ressentir : vous donnez libre cours à votre intuition en étant sensible aux problèmes individuels.
  - Échanger : vous consultez les autres.
- **Cortical Droit**
  - Défricher : vous privilégiez les aspects originaux et dynamiques en contournant le problème posé.
  - Concevoir : Vous pensez en terme de stratégie et cherchez à voir au-delà du problème posé.

C'est ainsi que nous pouvons visualiser que les trois quarts de notre cerveau sont le siège de processus inconscients. Le choix final est donc plus affaire de conviction que de logique.

N'avez-vous pas observé que la nuit, quand votre niveau de vigilance consciente baisse et que vous vous relaxez, les idées émergent parfois ?

Schéma n° 10 sur les processus cérébraux

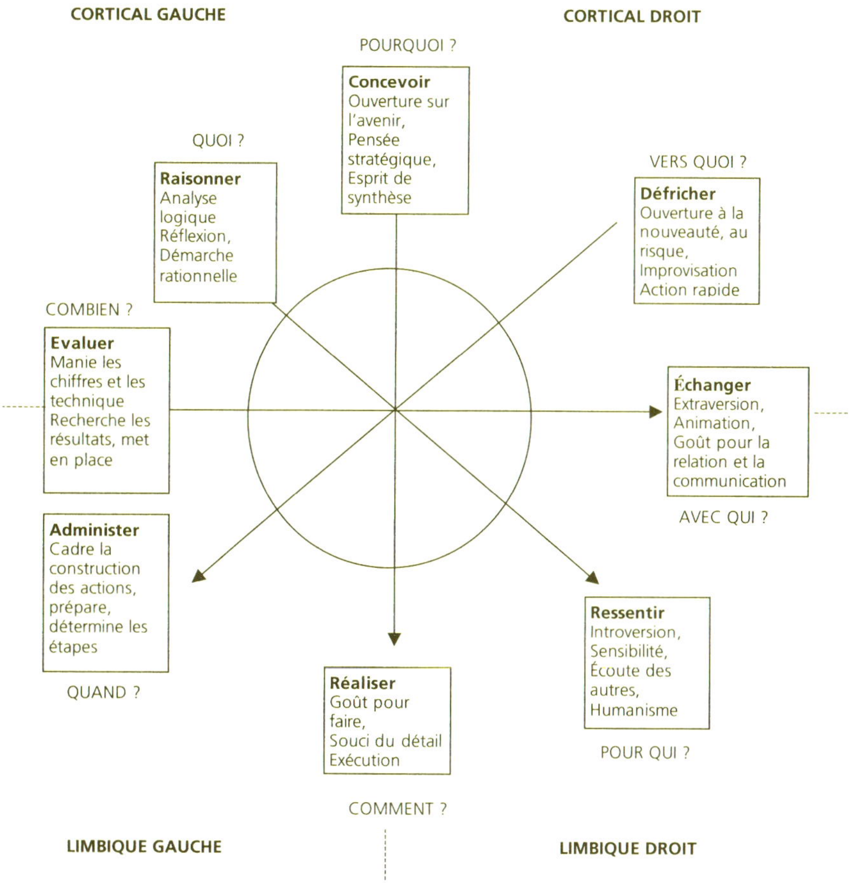

Notre cerveau gauche est plus conscient car c'est dans l'hémisphère gauche que se situe la zone du langage. Cependant c'est dans l'hémisphère droit que se situe la zone des images qui opèrent dans les profondeurs de façon inconsciente. Le cerveau gauche organise donc le tumulte du cerveau droit et permet la connaissance et l'action.

Dès lors, nous voyons que la créativité conjugue cerveau droit et cerveau gauche, liberté et discipline. Cependant elle suppose un temps de maturation pour organiser ce flot d'images, de la même manière qu'il faut du temps à la fleur pour engendrer le fruit.

Nietzsche, dans son ouvrage *Par-delà le bien et le mal*, nous parle de trois *métamorphoses* que subit tout être humain qui se développe. Il est d'abord chameau, alourdi par le poids des injonctions parentales, puis lion rugissant, refusant toute contrainte, avant de retrouver son âme d'enfant libérée et pouvant exprimer sa créativité et son talent particulier.

J'aimerais souligner l'importance du processus créatif. En effet il résulte de l'harmonie qui s'établit entre les contraires par sublimation des instincts. Cette sublimation est à l'origine d'un apaisement de l'angoisse née de l'impossibilité d'agir toujours selon notre bon plaisir, par un processus de relativisation et de remise en perspective. C'est cet apaisement et cette prise de recul pour sortir du carré qui signent le processus créatif.

Comme le soulignait Héraclite puis Nietzsche, elle permet de sortir de l'esclavage de nos propres émotions négatives, de réaliser notre potentiel et ainsi de ne plus craindre l'incertitude.

Je vous propose maintenant de faire le test ci-après, afin de vérifier et visualiser vos préférences cérébrales.

Test sur les préférences cérébrales

élaboré à partir du questionnaire simplifié de Ned Herrmann

	Oui	Non
1. Vous aimez vous attaquer à un problème par la logique.		
2. Vous aimez jongler avec des idées et des théories		
3. Vous aimez terminer totalement les tâches		
4. Vous aimez la compagnie		
5. Vous apportez souvent une alternative et des jugements fondés sur votre sens des relations par opposition aux positions purement rationnelles et logiques		
6. Vous vous sentez à l'aise dans le fait de faire les choses d'une manière connue		
7. Vous êtes un bon analyste		
8. Vous êtes un travailleur méthodique		
9. Vous avez un bon sens pratique		
10. Vous êtes un travailleur acharné et organisé		
11. Vous attachez beaucoup d'importance aux valeurs humaines		
12. Vous avez une bonne vue d'ensemble, mais prêtez peu d'attention aux détails		
13. Vous êtes imaginatif		
14. Plein d'énergie, vous êtes très enthousiaste et entier		
15. Vous êtes chaleureux et sympathique		
16. Vous restez sceptique tant que l'on ne vous apporte pas de solides preuves et des arguments logiques		
17. Vous adorez les faits précis, les chiffres et tout ce qui se mesure		
18. Vous « sentez » souvent les choses instinctivement		
19. Tout ce qui est innovation est votre domaine de prédilection		
20. Vous aimez l'ordre et l'organisation		

Dépouillement

Comptez combien vous avez obtenu de réponses OUI aux affirmations suivantes :

N° des affirmations	Nombre de OUI obtenus	Type associé
1 - 7 - 16 - 17 - 20		Rationnel
2 - 12 - 13 - 18 - 19		Intuitif
3 - 6 - 8 - 9 - 10		Méthodique
4 - 5 - 11 - 14 - 15		Émotionnel

En effet, on distingue 4 types de préférences cérébrales :

- **Le rationnel**
  - En situation de communication, le rationnel est attentif aux détails et attiré par la logique.
  - Il est un élément sécurisant par son souci d'objectivité, mais on peut lui reprocher de ne pas avoir d'états d'âme.
  - Parlez-lui avec des faits précis. Il donnera le meilleur de lui-même pour clarifier des dossiers complexes.
- **L'intuitif**
  - En situation de communication, l'intuitif va très vite.
  - Il est un élément dynamisant pour inventer de nouvelles voies, mais peut manquer de pragmatisme.
  - Communiquez avec lui par l'image plutôt que par l'intermédiaire de faits logiques. Il pourra alors se montrer très imaginatif.
- **Le méthodique**
  - En situation de communication, le méthodique est toujours prêt à agir.
  - Il est un élément pragmatique mais il peut trop avoir le nez dans le guidon.
  - Allez avec lui droit au but. Il transformera les idées en plan d'action.
- **L'émotionnel**
  - En situation de communication, l'émotionnel sait créer du lien.
  - Il est un élément de cohésion mais il peut manquer d'objectivité.
  - Touchez-le par la sensibilité. Il déplacera des montagnes pour une cause qui lui paraît juste.

Puis reportez-vous réponses sur le schéma qui suit en comptant 1 cercle par bonne réponse et constituez votre profil :

- 2 réponses dans une préférence cérébrale = 33 % ou 2 cercles
- 3 réponses dans une préférence cérébrale = 50 % ou 3 cercles
- 5 réponses dans une préférence cérébrale = 100 % ou 6 cercles

Schéma n° 11
sur les préférences cérébrales

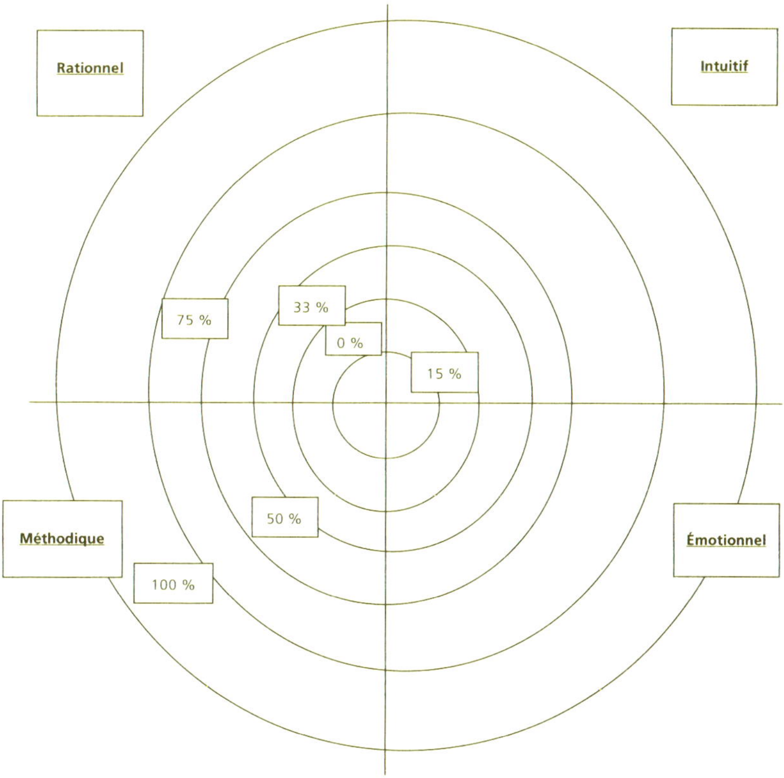

Situez-vous sur le schéma n ° 11.

Quelles sont vos préférences ?

....

....

Quelles sont les forces que cela révèle ?

....

....

Quels sont les risques que vous pouvez prendre et qui sont liés aux zones moins développées ?

....

....

Que devez-vous développer pour être plus complet ?

....

....

À présent, enrichissons-nous d'un cas de dirigeant opérationnel en voyage à la recherche de ses capacités à changer en développant sa créativité.

Étude de cas : une situation managériale

Monsieur I arrive soucieux de clarifier son projet.

Je lui propose de l'accompagner à travers un voyage basé sur un questionnement pour élaborer ce qui constitue sa capacité à se ressourcer à son désir.

Je l'invite à me répondre avec l'inventivité de l'Enfant en lui. Et l'assure qu'il n'y aura aucun jugement de ma part mais la seule volonté de comprendre ce qui l'anime.

Prenons une image : quels sont les top et les flop de votre vie ? Dans quelle étape de votre cycle du changement êtes-vous ?

J'ai réussi ma mission en 2005 à 48 ans, j'ai accumulé des congés dans un compte épargne temps, j'ai quitté le groupe pour une année sabbatique à l'étranger pour enseigner.

Je suis revenu en 2006 et j'ai été mis dans un placard ; je m'attendais à être mieux accueilli, je n'ai pas eu de proposition pendant 1 an.
Au début je n'étais pas effondré, on m'a donné un job facile ; après je voulais avancer, on m'a menacé en me disant : « Si tu n'es pas content avec ma proposition, tu peux partir. » Cela m'a miné, je souffrais de non-reconnaissance et d'ingratitude.
J'ai réfléchi, vu mon gestionnaire de carrière alors que je ne connaissais rien à la distribution, réalisé que je ne devais pas mettre d'affectif, j'ai relativisé la valeur travail, rééquilibré ma vie.
J'ai innové, suis parti sur le « Projet Territoire ». Je l'ai mis en place, je me sens reconnu, la prochaine étape sera une rupture positive dans un poste de directeur opérationnel ou fonctionnel. Je ne suis pas qu'un employé : je suis aussi un père, un mari, un citoyen, je suis engagé dans un parti politique, adjoint à un élu célèbre. Son exigence intellectuelle m'a stimulée.
Je m'interroge sur mon engagement politique dans la prochaine période de mobilisation pré-présidentielle intense.
Je pousse la réforme des directions d'unité opérationnelle en agrandissant les territoires. Mais je ne veux pas que cela ne soit pas honnête intellectuellement, je ne veux pas être juge et parti, c'est pourquoi je suis sorti des groupes de travail.

Quel serait un projet réussi l'année prochaine :
Je concilie activités professionnelles et personnelles, je suis dans un poste où je me sens à l'aise, conforme à mes valeurs et à mes envies, avec une valeur ajoutée.
Les trois avantages à ce projet réussi sont : équilibre, sécurité, ouverture.
Les trois obstacles sont : qui embrasse trop mal étreint, je dois préparer le flop suivant, un des 3 axes n'aboutit pas : ma femme se lasse, je loupe l'élection, mon gestionnaire de carrière ne me propose rien.
Les trois actions pour contourner ces obstacles : ne pas s'accrocher, se préparer à tourner la page, anticiper et solidifier en amont, être sympa en famille, et faire des surprises, j'invite ma femme à Venise.

Que retenez-vous de cette séance ?

Cela clarifie mon projet, j'aime cette carte du cycle du changement, vu comme une amélioration continue, c'est très intéressant de différencier crise et chaos, de se préparer, de formuler, de renoncer, de se situer.

Je retiens qu'affirmer ses désirs, développer sa confiance en soi et devenir créatif, passe par le fait de savoir dire non quand cela est juste.

J'ai aimé l'évolution à partir de la clarification de ses valeurs avec les ancres de carrière au cycle du changement en passant par la pédagogie du dirigeant. On ne dira jamais assez qu'il ne faut pas perdre de vue sa motivation quelles que soient les vicissitudes des situations rencontrées pour inventer l'avenir. Je me suis libéré de ma pression interne, j'ai retrouvé mon énergie et ma liberté de parole.

La métaphore de ce coaching pourrait être un arrêt sur image avec flash-back où les images floues deviennent plus nettes pour construire la suite du film avec des images nettes. Je sens que j'ai un acquis et que je ne veux pas le perdre, comme quelqu'un qui a retrouvé sa silhouette après un stage de sport.

Ce coaching m'a apporté du recul par rapport aux perceptions des autres, plus de compromis par acceptation des différences, plus d'autorité, de décontraction et de confort personnel. Cela m'a beaucoup apporté en me confortant dans mes choix.

Après avoir lu ce cas, je vous propose de revenir à votre propre questionnement, enrichi par la réflexion d'un autre.

Notes personnelles : mon cycle du changement

Dans quelle étape de mon cycle du changement suis-je ?

....

Comment est-ce que j'anticipe la réussite de mon projet en contournant les obstacles ?

....

....

....

....

....

Qu'est-ce qui change dans mon entreprise ?

....

....

....

....

....

Comment est-ce que j'incarne le projet d'entreprise ?

....

....

....

....

....

Quelle est ma dominante cérébrale ? Comment être plus complet ?

....

....

....

....

....

En résumé

Une neuvième clé pour réussir dans un environnement incertain consiste à pouvoir changer en développant sa créativité.

Le changement c'est la vie.

Dans quelle étape êtes-vous dans votre cycle du changement ?

- vous formulez votre projet : il s'agit de le définir à la fois précis, positif et possible ;
- vous planifiez votre projet : il s'agit de communiquer pour s'auto-encourager ;
- vous rentabilisez votre projet : il s'agit de tirer profit des investissements engagés ;
- vous vous confrontez aux dérapages : il s'agit maintenant d'affronter les crises ;
- vous faites le deuil du passé : il s'agit alors de franchir les étapes du deuil : déni, colère, marchandage, tristesse, acceptation ;
- vous faites le point : il s'agit enfin de faire un état des lieux des réussites et des erreurs.

Et après, que faut-il faire ? un changement de niveau I avec des corrections mineures pour repartir, recadrer et « re » formuler le projet ; ou bien recommencer complètement après une totale remise à plat, en laissant mûrir dans le chaos, en clarifiant ses valeurs, en imaginant d'autres possibles pour innover…

La créativité résulte donc d'un équilibre entre le cerveau droit qui régule les émotions négatives et qui rêve et le cerveau gauche qui construit un projet explicite et qui est animé de volonté dans la durée.

Quelle est votre dominante cérébrale ? Comment être plus complet pour être plus créatif ?

Conclusion

C'est donc cette expérience, qui consiste à garder son cap tout en s'adaptant dans l'incertitude de la vie, que j'ai souhaité partager avec vous, à travers de nombreuses réflexions de philosophes, d'exercices d'autocoaching et d'études de cas de dirigeants opérationnels.

En effet, quelle que soit notre origine ethnique (issu des pays émergents ou de l'Occident), quel que soit notre âge (issu de la génération Y ou seniors), notre statut professionnel (dirigeant ou dirigé), notre « caste sociale » (aux frontières de la classe moyenne qui se déplace sans cesse ou au-delà), quelle que soit notre identité de genres (homme ou femme)... l'incertitude grandit. Elle est devenue une donnée incontournable à prendre en compte dans chacune de nos décisions, chacune de nos actions.

Aujourd'hui l'incertitude économique est omniprésente, le modèle économique de « l'argent fou », de la prospérité, de la cupidité, du capitalisme mondialisé et non éthique, qui ignore la diversité, nous fragilise et peut nous faire sombrer dans le chaos. Elle est accompagnée d'incertitude politique et sociale, représentée notamment par les mouvements des « indignés » qui surgissent ici et là autour de la Méditerranée, et tentent de proposer un mode de vie démocratique progressif, participatif et plus coopératif.

Et si l'incertitude grandit, le besoin de réussite croît également et alimente l'angoisse par besoin de contrôler sa vie. En effet notre société, favorisant le développement individuel, nous pousse chaque jour davantage à devenir acteur de nos vies. Mais dans notre cybermonde animé par les réseaux sociaux, chacun a tendance à accepter d'être un esclave aujourd'hui en espérant devenir une star demain, s'éloignant ainsi de l'équilibre nécessaire à la réussite.

Dès lors, pour réussir à trouver une issue honorable et digne, dans un monde incertain, en proie au doute et au manque d'assurance, l'objectif de cet ouvrage était de déterminer neuf principes, chiffre symbolique pour accoucher de soi, à travers un voyage d'autocoaching, résumés ci-dessous :

1. Avoir conscience de ses valeurs et à partir de là pouvoir être fier de ses réalisations :

   Est-ce l'audace ou l'assurance, l'autorité ou l'altruisme qui me guident ? Comment accepter mes paradoxes pour nourrir ma créativité ?

2. Vouloir construire un projet à long terme où les priorités sont réajustées régulièrement et construire son agenda idéal en planifiant ses activités importantes :

   Quels sont « mes gros cailloux » dépendant de mes valeurs ? Quelle place est-ce que je leur accorde quotidiennement et comment est-ce que cela s'accorde avec mon environnement ? Quel serait mon successeur idéal et réaliste qui pourrait m'enseigner à naviguer justement ?

3. Apprivoiser le contraire de soi et ne pas se rigidifier sur une seule identité pour être plus complet et flexible.

   Suis-je concentré sur le résultat et comment développer un esprit plus ludique ou suis-je motivé par les défis et comment anticiper davantage et à plus long terme ? Quels sont mes forces et mes axes d'évolution ? Quelles sont les relations qui me permettront de devenir ce que je suis ?

4. Développer son esprit de confiance, de coopération, de négociation afin que chacun ait des marges de manœuvre et d'influence positive.

   Suis-je davantage dans l'écoute ou davantage dans l'affirmation ? Comment équilibrer ces aspects yin et yang pour une meilleure efficacité ? Comment développer une influence positive, un pouvoir mature sans menace pour l'autre ?

5. Résister aux menaces pour durer, ne pas être en situation de dépendance et développer son autonomie en gérant ses émotions négatives :

Suis-je envahi, dans les moments de doute, par la confusion, la colère, l'orgueil ou la jalousie ? Comment apprivoiser ces tendances de base ?

6. Communiquer sur un objectif précis, positif et possible, et s'organiser autour d'un scénario catastrophe pour avoir de bonnes surprises :

Qu'est-ce que je veux ? Quels sont mes risques d'entêtement ou d'abandon lorsque je désire quelque chose ? Comment surmonter les obstacles internes et externes ?

7. Comprendre son environnement et développer son réseau d'alliances :

Comment construire ma carte d'alliés pour prévoir les réactions et sortir des crises ou du chaos en instaurant des contrats sociaux explicites, en me rappelant que je ne suis pas seul au monde ?

8. Penser à partir du futur en s'appuyant sur le passé à travers une histoire simple et crédible :

Quelle est l'histoire que j'écris, le fil conducteur que je déroule à travers mes choix ?

9. Pouvoir changer en développant sa créativité. Repérer les prémices du changement, les potentiels des situations en regardant et en écoutant comme un enfant le ferait, se préparer à rompre avec le conformisme, être en éveil car la richesse essentielle, dans notre monde post-moderne, vient de l'homme et de ses idées :

Quel est mon cycle du changement et comment faire confiance à mes émotions pour comprendre et analyser mes réactions inconscientes ?

En bref, réussir dans un monde incertain, en traitant des dossiers provenant de multiples horizons ou des informations circulant à toute vitesse ce qui entrave une synthèse claire, et en devant prendre des décisions justes, suppose donc de se renforcer à partir de ses valeurs, de se centrer sur ses priorités, de s'adapter en souplesse en gérant ses émotions négatives, d'écouter et de savoir se taire, de développer son humour face à l'adversité, de nouer des alliances, de simplifier son discours et de pouvoir changer en développant sa créativité.

Comment allez-vous utiliser ce voyage intérieur après avoir lu cet ouvrage ?

Il s'agit de trouver la bonne posture. Comment devenir à la fois fort et doux, comment voir à la fois grand et simple, comme un Enfant le ferait ?

À la question : « Croyez-vous en Dieu ? » Arthur Rubinstein avait l'habitude de répondre : « Non, je crois en quelque chose de beaucoup plus grand ! » Et cela me fait penser à la boutade de Georges Wolinski : « Quand on ne sait rien faire, il faut avoir de l'ambition. »

Le responsable ne doit cependant pas mettre l'entreprise au service de sa pathologie narcissique mais mettre sa pathologie au service de l'entreprise. Mettre sa pathologie au service de la vie, c'est traverser ses peurs pour les transformer en audace de construire un monde meilleur. Pour cela, tout responsable doit tout d'abord travailler sur ses émotions négatives pour ouvrir son esprit, pour développer une relation vivante et énergétisante, avec une éthique managériale en alignant le rêve, les valeurs, les comportements et les résultats.

Nous savons que le pouvoir personnel rétrécit notre esprit, en gonflant notre narcissisme. Entre paradoxe et incertitude, sur quoi s'appuyer pour ouvrir notre esprit ? La première clé est donc de se centrer sur la personne humaine, seule véritable richesse dans notre monde post-moderne, pour la motiver, la responsabiliser, la faire grandir et la faire coopérer. Car c'est en investissant sur la relation individuelle que l'on peut donner une énergie de coopération au groupe et l'éloigner de la compétition qui sélectionne des solistes. Or un orchestre n'est pas fait de solistes. Et l'harmonie, qui résulte de l'alliage des contraires, permet à chacun de se dépasser pour construire ensemble et renverser les obstacles, tant dans l'aventure entrepreneuriale que dans celle de la vie personnelle.

Comment ouvrir son esprit ? Il s'agit d'être confiant, souple et patient, en sachant changer de registre managérial, en passant du directif au délégatif suivant les situations, en manageant des réseaux d'influences et d'échanges, en construisant des compromis, en construisant des coopérations où chaque acteur est reconnu

compétent et peut s'ouvrir en confiance, et enfin en gardant son idéal tout en perdant ses illusions.

Où tourner son regard ? Il s'agit d'observer ce contexte inédit où il faut avancer à petits pas, en développant plus de ruse que de force, ce contexte incertain où il est important de multiplier ses capteurs, et souvent ce contexte conflictuel où il faut rappeler le cadre et clarifier les relations. Celui qui a eu à gérer une crise d'adolescence d'enfant ou de collaborateur le sait bien.

Pour vivre éveillé et naître au monde, écoutons ce magnifique poème de Didier Anzieu :

> “ Achever de naître au monde et à soi-même.
>
> Ne pas achever avant l'heure de vivre, d'imaginer, de créer.
>
> Sacrifier avec élégance, avec sobriété, avec humour aux exigences contraires des principes de plaisir et de réalité, de répétition et de différentiation, de constance et de changement.
>
> Marier le masculin et le féminin dans l'esprit, l'immobilité et le mouvement dans le corps.
>
> Tolérer l'angoisse et la joie, la haine et le rire.
>
> Maintenir l'amour dans l'écart entre l'abandon à l'autre et l'abandon de l'autre.
>
> Déjouer les séductions, les perversions, les ruses de la pulsion de mort.
>
> Nier, trancher, s'arracher, transgresser pour progresser.
>
> Pour donner indéfiniment, de notre humaine finitude, une forme jamais définitive. ”

Alors comment résoudre ce paradoxe qui consiste à rêver l'infini dans le monde fini dans lequel nous devons vivre et réussir dans un monde incertain ?

En effet, c'est le paradoxe que tout être humain doit résoudre : rêver l'infini dans le monde fini dans lequel il doit vivre. « Le plus profond besoin de l'être humain est la recherche de l'infini et de l'unité », nous disait Jean **Jaurès**, de l'unité intérieure comme de l'unité avec l'extérieur.

Lorsque nous sommes pacifiés intérieurement, en accord avec notre être profond, pour les uns il s'agit de retrouver la nature de Bouddha que nous possédons tous, pour les autres d'être conscients que nous avons été créés à l'image de Dieu. Alors nous pouvons être en unité avec le monde, présent à ce qui arrive, sans refus, sans révolte, et sans amertume, à la fois impliqués car chaque instant de vie est important et détachés car nous pouvons vivre chaque instant en nous améliorant. Sans travail de développement personnel, nous sommes condamnés à nous faire des illusions (au sens étymologique d'« *erreurs des sens* ») sur nous-même, à l'image de Maya l'illusion ou la fausse apparence, la mère de Bouddha, qui erre dans le *samsara*, dans la répétition de comportements inadéquats. En revanche avec un travail d'autocoaching, nous sommes moins condamnés à nous faire des illusions, nous pouvons élargir nos filtres mentaux et chercher à pacifier nos cœurs.

Dans notre monde caractérisé par le capitalisme mondialisé, l'incertitude croît de la multiplicité et de la vitesse des interactions entre foyers de compétition. Mais des possibilités de partage apparaissent aussi, nous permettant de retrouver notre optimisme. Tout se passe comme si le monde, de plus en plus imprévisible, était lancé sur une pente avec une impossibilité de coordonner le pilotage. La recherche de bouc émissaire n'est donc pas la solution, même si certains profitent de la situation.

Dès lors, quelle est la solution pour réinventer notre vision du monde humaniste et conjuguer performance économique et progrès social ?

Nous le répétons, il s'agit de conjuguer souplesse et fermeté pour partager et rester en lien. Il s'agit de se renforcer sur ses valeurs pour garder son cap, sans se décourager mais aussi de développer sa créativité pour s'adapter au terrain, sans se rigidifier.

Alors, gardons cet équilibre à la fois lucide et serein entre optimisme et pessimisme, entre intelligence créative et intelligence critique, entre projet collectif et individuel, entre esprit de modernité et esprit de tradition, car si l'avidité croît, la générosité doit croître elle aussi, en fonction de la loi de polarité humaine.

Que cet ouvrage, écrit pour vous, reste dans vos mémoires dans les moments de doute, afin de vous permettre de retrouver votre énergie pour ne pas dévier de votre chemin.

Soyons donc à l'image de Prométhée, « celui qui comprend avant » et non à l'image de son frère Épiméthée, « celui qui comprend après » et laisse le chaos s'installer, sous la forme de Pandora, image de la fécondité mais aussi de l'avidité, les hommes grecs ayant projeté leurs propres ambivalences sur leurs femmes

Si nous nous préparons, si nous anticipons avec notre tête, tout en restant présent et positif envers le monde qui nous entoure avec notre cœur, j'aime à croire que les idées créatrices de progrès viendront et que les réalisations suivront car nous aurons moins peur de l'inconnu, car nous saurons que le futur dépend en grande partie de la façon dont nous l'imaginons.

Pour finir, écoutons Rainer Maria Rilke, dans *Lettre à un jeune poète* :

> “ Nous ne sommes pas des prisonniers, nulle trappe, nul piège ne nous menace, nous n'avons rien à redouter. Nous avons été placés dans la vie comme dans l'élément qui nous convient le mieux. Une adaptation millénaire fait que nous ressemblons au monde, au point que si nous restons calmes, nous nous distinguerions à peine, par un mimétisme heureux, de ce qui nous entoure. Nous n'avons aucune raison de nous méfier du monde car il ne nous est pas contraire. S'il y est des frayeurs, ce sont les nôtres, s'il y est des abîmes, ce sont nos abîmes. Comment oublier ces mythes antiques que l'on trouve au commencement de tous les peuples, les mythes de ces dragons qui se changent en princesses ? Tous les dragons de notre vie sont peut-être des princesses qui attendent de nous voir courageux. ”

Nous l'avons vu dans l'introduction, toute crise peut être régulée par une solution adaptée. Car « là où croît le péril croît aussi ce qui sauve » nous rappelait **Hölderlin**. Puisqu'en effet plus le danger est imminent, plus les réflexes de mobilisation pour en sortir se mettent en place. C'est pourquoi, pour éviter que cela ne se termine mal, pour éviter les issues dramatiques de scénario, n'oublions pas le message de courage humain de Nietzsche : « Tout ce qui ne tue pas, renforce. » Car, avec de la volonté, toute malchance peut devenir un avantage. Puisqu'en effet, la volonté résulte d'un éclairage de la conscience sur les désirs issus de l'inconscient, l'un et l'autre se nourrissant mutuellement pour unifier la personnalité à travers un combat digne d'être vécu.

N'oublions pas que la seule certitude dans ce monde incertain est la pulsion de vie qui renaît sans cesse et nous pousse à renaître à nous-même, si nous le décidons.

Quelles conclusions tirer de tout cela, pour dépasser nos peurs et nous ressourcer à la vie ?

Puisque j'ai commencé avec les héros qui m'inspirent, je terminerai avec la devise qui me guide.

Pour ma part je ferai mienne la devise de la philosophie bouddhiste qui encourage à « s'impliquer sans s'identifier », s'impliquer pour être relié à nos valeurs qui donnent sens à notre vie, être dans le monde pour partager une aventure humaine commune, ne pas s'identifier pour ne pas être la proie de nos émotions négatives sans recul sur la situation vécue, être hors du monde pour se différencier et se rapprocher de son être.

Celui qui ne cherche pas à être philosophe reste esclave de lui-même, tandis que celui qui le cherche s'anoblit lui-même, soulignait **Nietzsche**.

Notre cœur aspire à l'ivresse de l'espoir mais aussi à la vitalité de l'inquiétude pour se sentir vivre. La sagesse consiste pourtant à ne pas remplir exclusivement d'espoir une expérience heureuse ni de désespoir une expérience malheureuse. Car tout change sans cesse, et le bonheur d'aujourd'hui contient en germe le malheur futur par manque de vigilance, tandis que le malheur d'aujourd'hui contient en germe le bonheur futur par désir de revanche.

Dès lors gardons présent à l'esprit ce chemin du milieu et cette noblesse de cœur, qui caractérise toute humaine condition, pour réussir à trouver une issue positive dans ce monde incertain, tant dans notre vie personnelle que professionnelle.

Tout lecteur est un co-créateur qui peut considérablement enrichir l'auteur qui s'est lancé dans l'aventure de publier. C'est pourquoi tous vos *feedbacks* me seront utiles pour progresser. Cela me fera plaisir de vous lire, vous pouvez m'écrire à :

martine.boulart@mrbconseil.com

Bibliographie

ANDRÉ Christophe, *Les États d'âme, l'apprentissage de la sérénité*, Odile Jacob, 2009.

ANZIEU Didier, *Le Moi peau*, Dunod, 1995.

ARISTOTE, *Éthique à Nicomaque*, Le Livre de Poche, 1992.

ARON Raymond, *Mémoires*, Julliard, 1983.

ATTALI Jacques, *Gandhi*, Fayard, 2008.

—, *Tous ruinés dans dix ans*, Fayard, 2010.

AUBERT Nicole, *Le Culte de l'urgence*, Flammarion, 2003.

BERGSON Henri, *L'Évolution créatrice*, Alcan, 1907.

BERNE Éric, *Des jeux et des hommes*, Stock, 1973.

CAMUS Albert, *Le Mythe de Sisyphe*, Flammarion, 1942.

Collectif de patrons : Carli Philippe, Clamadieu Jean-Pierre, Gris Françoise, Kosciusko-Morizet Pierre, Nibourel Christian, Rousset Bruno, Séguineau Françoise, Ventura Arnaud, Vial Martin, *Empreintes sociales, en finir avec le court terme*, Odile Jacob, 2011.

COHEN Daniel, *La Prospérité du vice*, Albin Michel, 2009.

COTTRAUX Jean, *La Répétition des scénarios de vie*, Odile Jacob, 2001.

CYRULNIK Boris, *Mourir de dire la honte*, Odile Jacob, 2010.

DAMASIO Antonio, *L'Erreur de Descartes*, Odile Jacob, 1995.

EKMAN Paul, *La Voie des émotions*, entretien avec le dalaï-lama, City éditions, 2008.

ÉPICURE, *Lettre à Hérodote*, Les Belles Lettres, 2000.

FERRUCCI Pierro, *L'Art de la gentillesse*, Robert Laffont, 2007.

FREUD Sigmund, *Psychopathologie de la vie quotidienne* [1904], *Un souvenir d'enfance de Léonard de Vinci* [1910], *Totem et Tabou* [1913], Payot, 2004.

HORNEY Karen, *L'Auto-analyse*, Stock, 1993.

JANKÉLÉVITCH Wladimir, *L'Ironie ou la Bonne Conscience*, Flammarion, 1979.

KAHLER Taibi, *Manager en personne, La process Com management*, Interédition, 1977.

KANT Emmanuel, *Critique de la faculté de juger* [1790], Flammarion, coll. « GF », 2000.

LAO-TSEU, *Le Tao Te King*, Albin Michel, 1984.

MACHIAVEL, *Le Prince* [1532], Flammarion, coll. « GF », 1993.

MALRAUX André, *La Tentation de l'Occident*, Grasset, 2006.

MASLOW Abraham, *L'Accomplissement de soi,* Éditions d'Organisation, 2006.

MICHELET Jules, *Introduction à l'histoire universelle* [1831], Elibron Classics, 2001.

MONTAIGNE Michel Eyquem de, *Essais* [1588], Gallimard, coll. « Folio », 2009.

MORIN Edgar, avec Sami Nair, *Une politique de civilisation,* Arlea, 1997.

NIETZSCHE, *Le Gai Savoir* [1887], Gallimard, coll. « Folio », 1989.

PLATON, *La République*, Flammarion, coll. « GF », 2002.

RENAUD-BOULART Martine, *Coacher avec le bouddhisme*, Eyrolles, 2010.

—, *Coaching en entreprise. Nouvelles dynamiques managériales*, Ellipses, 2008.

—, *La Morphopsychologie*, PUF, coll. « Que sais-je ? », 2e éd. 2003.

—, *Le Coaching, moins de stress plus de réussite*, Bernet-Danilo, 2002.

—, *Le Management au féminin. Promouvoir les talents*, Editions Robert Jauze, 2005.

—, *Les Groupes en thérapie humaniste*, Bernet-Danilo, 2007.

—, collaboration à *Entreprise, mode d'emploi*, Larousse 2009.

—, collaboration au *Grand livre de la supervision*, Eyrolles, 2010.

RICARD Mathieu, *Plaidoyer pour le bonheur*, Nil éditions, 2003.

SARTRE Jean-Paul, *L'existentialisme est un humanisme*, Gallimard, coll. « Folio », 1996.

SCHEIN Edgar, *Découvrir ses véritables valeurs, Les ancres de carrière*, Interédition, 1971.

SCHUTZ Will, *L'Élément humain*, Interédition, 2009.

SERVAN-SCHREIBER Jean-Louis, *Pourquoi sommes-nous prisonniers du court terme ?,* Albin Michel 2010.

STENDHAL, *De l'amour* [1822], Flammarion, coll. « GF », 1993.

SUN Tzu, *L'Art de la guerre*, Flammarion, coll. « Champs classique », 1972.

TODD Emmanuel, *Après la démocratie*, Gallimard, coll. « Folio », 2008.

WATZLAWICK Paul, *Une logique de la communication*, Seuil, 1972.

YOURCENAR Marguerite, *Essais et Mémoires*, Gallimard, coll. « Bibliothèque de la Pléiade », 1991.

Table des matières

II

Réussir dans un monde incertain, c'est inclure ses équipiers

III

Réussir dans un monde incertain, c'est s'inclure dans son organisation

Remerciements

Avec mes remerciements chaleureux à tous ceux qui m'ont accompagnée, de près ou de loin, dans mon cheminement pour élaborer cet ouvrage :

À mes **enfants** : Julien et Louise, Charles et Marie

À mon **éditrice** : Gwendoline Rousseau

À ma directrice de la **communication** : Émilie Devienne

À mes **mentors d'hier et d'aujourd'hui** : Françoise Dolto, Françoise Giroud, Jean-Pierre Chartier, Yves Coppens, Louis Corman, Jacques-Émile Duché, Edgar Faure, Antoine de la Garanderie, Robert Gessain, René Huyghe, Amir Hoveyda, Lucien Israel, Pierre Mendès-France, Pierre Mesmer, Jigmé Rinpoché, Daniel Widlocher.

À mes amis **pairs** et consultants au groupe HEC : Frank Bournois, Thierry Chavel, François Délivré, Joël Denervaux, Jean-Christophe Fauvet, Éric Jauffret, Hubert Guillon, Benoit Melet, Charles Pépin, Andreu Solé.

À mes **amies dirigeants** d'équipe : Abla Ben Abdallah, Nicole Ameline, Irma Babaud, Paola Boromei, Agnès Calleja, Anne-Marie Couderc, Catherine Delpirou, Dominique de la Garanderie, Christine Goubet-Milhaud, Marie-Paule Grellier, Ghita Lahlou, Nathalie Lugagne, Martine Nicolas, Santa Pardineille, Marie-Claire Pauwels, Véronique Merle, Vicky Sommet, Laurence Tavernier, Marie-Claude Tissier.

À mes **amis dirigeants** d'équipe : Pascal Bagnolet, Thierry Bonnet, Henri-François de Breteuil, Philippe Cazenave-Perret, Gilles Chenin, Yvan Delmas, Moulay Hafid Elalamy, Alain Fouquet, Jérome Gueugnier, David Jestaz, Jean-Claude Legros, Rémi Lugagne, Bertrand Martin, Alain Le Maistre, Luis Molina, Jean-François Moueix, Jacques Nicoli, sir Lindsey Owen Jones, Bruno Rousset, Jacques Sauvadet, Nicolas de Tavernost, Joren Zaumseil.

CPI AUBIN IMPRIMEUR Aubin Imprimeur - *Ligugé* D.L. mars 2012 / Impr. : 1203.0068